普惠金融的内涵解析与发展路径

——基于"范式"视角

陈宗义 著

中国财经出版传媒集团

经济科学出版社
Economic Science Press

图书在版编目（CIP）数据

普惠金融的内涵解析与发展路径：基于"范式"视角/陈宗义著. —北京：经济科学出版社，2017.4
ISBN 978 - 7 - 5141 - 7554 - 7

Ⅰ. ①普… Ⅱ. ①陈… Ⅲ. ①国际金融 – 研究
Ⅳ. ①F831

中国版本图书馆 CIP 数据核字（2016）第 304160 号

责任编辑：于海汛　何　宁
责任校对：王苗苗
版式设计：齐　杰
责任印制：潘泽新

普惠金融的内涵解析与发展路径
——基于"范式"视角
陈宗义　著

经济科学出版社出版、发行　新华书店经销
社址：北京市海淀区阜成路甲 28 号　邮编：100142
总编部电话：010 - 88191217　发行部电话：010 - 88191522
网址：www. esp. com. cn
电子邮件：esp@ esp. com. cn
天猫网店：经济科学出版社旗舰店
网址：http: //jjkxcbs. tmall. com
北京汉德鼎印刷有限公司印装
710×1000　16 开　11.5 印张　170000 字
2017 年 4 月第 1 版　2017 年 4 月第 1 次印刷
ISBN 978 - 7 - 5141 - 7554 - 7　定价：28.00 元

序

"横看成岭侧成峰，远近高低各不同"，苏轼的这句诗很好地诠释了我为何要写作这么一本小册的原因。

普惠金融作为一种新兴的金融发展理念，无论是理论层面的积淀还是实践层面的经验，无疑都还处于发展期。但若贸然将普惠金融归于全新事物，而忽略了普惠金融背后经济学和社会学的丰富文献学养，那岂不是可以直接断定：普惠金融发展必然类似于随机游走模型呢？如果是这样，那的确没有任何必要来讨论普惠金融的发展路径问题。这种不可知论的腔调显然不是人们愿意听到的。

普惠金融并非是一个不能被所有雷达锁定和观测的 UFO。如果借助范式概念的信仰、价值和技术三大视野来审视，那普惠金融甚至都不能被称为"移动靶"，反而更像是被绑在某标志性建筑物上的"固定靶"。借助范式的信仰视野，普惠金融的发展目标融入于水般融入人类社会的终极发展目标，这将有助于形成一种坚定的信仰并逐渐吸引一群科学工作者使之成为普惠金融理论研究的科学共同体；借助范式的价值视野，普惠金融理论研究将会有力且有效的调和工具理性与价值理性这两大经济动机之间的鸿沟，从而为长期引导金融机构建立良好的企业伦理价值取向奠定理论基础；借助范式的技术视野，普惠金融研究将会构建起自身基础或核心理论模型并逐渐获得经济学界更多的认可。总之，借助范式的三大视野，我们可以相当有效的锁定当前普惠金融理念和实践发展中存在的欠缺与不足，当然也可以相当有效地把捉和设定普惠金融未来发展的基本方向和脉络。

本书的写作过程并非顺利，这主要受制于本人知识结构的欠缺。毕竟写作本书这件事本身就属于一次典型的冒险：由于知识结构跨度太大，虽然查阅大量文献并反复推敲易稿，很多地方的处理仍难免显得粗糙。另外，一些事务性的工作和身体的原因也妨碍了本书尽快与读者见面。

此处要特别感谢姜旭朝教授在整体思路上的指导，苏志伟教授多次提出让我难堪但又让我不得不承认颇具见地和切中要害的建议，丁淑娟和张晓燕两位女士对于现有普惠金融理论与实践详尽而高效的梳理工作也为本书的完成奠定了扎实基础，同时也要感谢父母和妻子默默地付出保证了本书的写作时间，当然也要感谢我可爱的儿子，写作之余与他开心的玩耍消除了我不少疲惫。

衷心希望本书的完成与付梓能够为普惠金融理论与实践事业的顺利发展尽一点绵薄之力。

陈宗义

2016 年 8 月 4 日

前　言

诺贝尔和平奖获得者穆罕默德·尤努斯教授曾回忆道：1974 年，饥饿的人们涌遍孟加拉首都达卡。无论男人、女人，还是儿童，他们一动不动地坐在那儿，只是静静地躺在路边台阶上等死。其中包括一名叫苏菲亚的孟加拉妇女，虽然她可以熟练地制作竹工艺品，但由于连买竹条的 5 塔卡（相当于 22 美分）都没有，不得不去借高利贷。她为此付出的代价是，把所编的凳子廉价卖给放债人。她每天辛苦劳作的收入只有一两美分，连给她自己买食物都不够，而她还得养着几个孩子。而普通银行按照成本收益原则也绝对不会理会这类人群的，因为这些村民需要借的这一点点钱，甚至都不够他们必须填写的所有那些借贷文件的费用！

38 年后的 2012 年，世界银行发布了首份《全球金融包容性指数报告》（Global Findex），报告依旧披露了这样冰冷的数据：全球有 25 亿人没有银行账户，3/4 以上的穷人没有银行账户，且大多数集中于发展中国家。

在目前主流的金融学教材里，是找不到贫穷、饥饿与死亡等字眼的。那我们到底应该需要什么样的金融理论和金融体系以使得整个人类社会远离这些负面与丑陋的名词？在这个世界，恐怕很难找到什么万灵丹可以同时解决掉所有问题，但只要是有助于这些问题的解决就值得去尝试。

2005 年，联合国首先提出了普惠金融（inclusive finance）的全新金融发展理念。普惠金融可以视为对当前主流金融发展理念的一种反思。相对于传统金融理论而言，普惠金融更加强调金融体系的包容性，即吸纳之前被排斥在金融体系，尤其是被排除在正规金融体系之外的低收入群体和小微企业，使得所有社会阶层都能够以合理的价格获得金融资源的支持，以平等地获得发展机会。

普惠金融一经提出，很快就引起了世界范围内的强烈响应：为推广普惠金融，在 20 国集团的倡导下，金融普惠专家组于 2009 年 12 月成立。其主要职责是：推动构建全球层面的普惠金融指标、制定中小企业最佳融资范例的资助框架、建立世界普惠金融合作机制，等等。与此同时，其他专门性国际组织如普惠金融联盟等相继成立，目的是加快各国的普惠金融实践，促使各国就普惠金融问题作出相关承诺，并对各国的普惠金融实践进行评估。在 20 国集团、国际货币基金组织、世界银行、金融普惠专家组以及普惠金融联盟等的共同推动下，发展普惠金融已经上升为一项全球性的金融发展战略，为国际社会和金融业一致认同。2010 年 6 月，20 国集团多伦多峰会通过了"创新性普惠金融的九项原则"。2013 年 9 月，20 国集团圣彼得堡峰会领导人宣言再次表示，欢迎普惠金融全球合作伙伴在推动普惠金融和融合消费者教育与保护上取得的进展，特别是建立了普惠金融全球合作伙伴有关金融消费者保护和金融教育的小组，提出了加强对贫困人口的金融教育和消费者保护，以推进普惠金融的发展。

与此同时，我国政府也高度认同普惠金融理念，积极推动普惠金融实践活动的开展。2011 年 9 月，我国加入金融普惠联盟，致力于普惠金融体系在我国的建立和发展。2013 年党的十八大提出《中共中央关于全面深化改革若干重大问题的决定》首次明确提到要"发展普惠金融"；2014 年 4 月国务院常务会议将发展农村地区的普惠金融作为金融服务"三农"发展的六条措施；2014 年 4 月关于落实《政府工作报告》重点工作部门分工的意见中提到"发展普惠金融，促进互联网金融健康发展，完善金融监管协调机制，守住不发生系统性和区域性金融风险的底线。"2015 年政府工作报告再次强调要"大力发展普惠金融，让所有市场主体都能分享金融服务的雨露甘霖。"

当各方对普惠金融这一新兴事物充满期待并热情高涨之时，保持独立且客观的思考，往往是必须而且是紧迫的一件要务。我们不应忘记这些事实：20 世纪八九十年代世界银行使用天量资金在南部非洲开展小额信贷业务时遭受到了重大挫折，班图斯坦地区农民的贷款拖欠率甚至达到了惊人的 80%！在 2001 年晚些时候，被奉为普惠金融实践发展标杆的孟加拉"格莱珉银行"也被爆出 1/5 左右的贷款被拖欠 1 年以上，而相关贷款人不得不借新还旧。2010 年前后的印度，过度商业化的小额信贷行业采取极端化的催债手段导致众多农民破产以及数十人被迫自杀的恶性事件，以至于印度地方政府甚至也介入其中并呼吁欠债农民不要还款！

此处，我们不应执意鼓吹普惠金融是如何一剂可以彻底解决所有金融问题的灵丹妙药，也不应故意更不应恶意贬低普惠金融所发挥的积极作用。对于普惠金融这个新生事物，只要其出发点有助于促进金融、经济和社会体系迈向更加公平和正义的方向，我们都应细心和耐心的呵护它，使它能够在金融理论研究和实践环节发挥更加卓越的影响。而要实现此目标，首当其冲的是要尽快促成普惠金融理论的发展成熟与提升其在金融理论研究领域的认同度。而这两点与衡量某种科学研究理论体系成熟与否的基本标准——范式的概念全然吻合，因此，本书借助范式的概念与范畴对普惠金融进行全面剖析与对照，找出目前普惠金融理论发展的欠缺与不足，再辅之以针对性建议，以期普惠金融迅速成长为标准意义上的理论范式。

目　录

第一章

普惠金融相关理论述评

第一节　普惠金融概念的提出与发展

一、普惠金融概念的提出

普惠金融（Inclusive Finance）作为一种全新的金融发展理念最早由联合国提出。为实现"千年发展目标"中的"根除极度贫困和饥饿"分目标，联合国（2005）明确提出了"普惠金融"和"普惠金融体系（Inclusive Financial System）。世界银行的扶贫协商小组（Consultative Group to Assist the Poor，CGAP，2006）随后提出了普惠金融体系的概念，具体为：一个能够有效地、全方位地为社会所有阶层和群体——尤其是贫困、低收入人口——提供服务的金融体系。联合国在此基础上，号召和帮助世界各国的政策制定者们制定本国的普惠金融提携的政策和策略。

2005 年联合国通过组织专家、在线调查、专题访谈和研讨会等方式起草了普惠金融体系蓝皮书，并在瑞士日内瓦举行了普惠金融体系的启动大会。会议提出相关口号："每个发展中国家应该通过政策、立法和规章制度的支持，建立一个持续的、可以为人们提供合适产品和服务的金融体系。它将具有以下特征：一是家庭和企业可以用合理的价格获得各种金融服务，包括储蓄、信贷、租借、代理、保险、养老金、兑付、地区和国际汇兑等；二是健全的金融机构，应遵循有关内部管理制度，行业业绩标准，接受市场的监督，同时也需要健全的审慎监管；三是金融机构的可持续性是指可提供长期的金融服务；四是要在金融领域形成竞争，为客户提供更高效和更多可供选择的金融服务"。

《世界银行2006年度报告》把金融公平、金融安全与金融效率相提并论，指出通过促进金融公平的实现很有可能会有助于平衡金融安全与金融效率这两个看似难以兼得的目标。贝克等（Beck et al., 2007）则通过实证分析发现，融资权利不均等是导致金融体系不能有效地削减贫困并改善收入分配的重要原因。克莱森斯和佩罗蒂（Claessens and Per-otti, 2007）认为，金融公平是市场公平的重要表现形式，因为金融公平能够让拥有好创意的穷人获得金融支持以创造财富。因此，普惠金融理念的提出及相关实践活动的开展将会有助于削弱金融排斥程度，提升金融公平，促进低收入群体和小微企业获得更多金融资源的支持，从而降低各国乃至整个世界的贫困化程度。

二、普惠金融概念的发展

就现有文献来看，学者们主要从两个角度论述普惠金融的概念内涵，具体如下：

（一）作为正规金融辐射范围的扩大

克莱森斯（2006）认为普惠金融的本质是以合理成本获得特定质量的金融产品或服务。萨尔马和派斯（Sarma and Pais, 2008）认为普惠金融定义是保证经济体中所有成员能够有效享受正规金融产品与服务的过程。兰加拉詹（Rangarajan, 2008）和卡恩（Khan, 2011）认为普惠金融本质应为确保弱势群体如低收入者、贫困人群等以可以承受的成本享受金融服务和及时合理的信贷服务的过程。周小川（2013）认为普惠金融是指通过完善金融基础设施，以可负担的成本将金融服务扩展至欠发达地区和社会低收入人群，向他们提供价格合理、方便快捷的金融服务，不断提高金融服务的可获得性。

（二）作为"金融排斥"的对立概念

莱申和思里夫特（Leyshon and Thrift，1995）将金融排斥定义为某些阻挡特定社会阶层或人群获得正规渠道金融服务的行为和过程。康罗伊（Conroy，2005）认为金融排斥的对象主要是贫困人群和弱势群体，该群体难以获得正规渠道金融服务的现象是金融排斥。某些文献认为金融排斥的弱化就是普惠金融的本质。莫汉（Mohan，2006）明确提出普惠金融就是金融排斥相对立的概念。联合国（2006）对普惠金融提出的定义为：能有效、全面地为社会几乎所有阶层和群体提供服务的金融体系，让广大被排斥在正规金融体系之外的农户、城镇低收入群体和微型企业等都能够获得金融服务。

不论从哪个角度来论述，现有文献对普惠金融概念的理解集中在两个关键点：（1）普惠金融基本属于正规金融范畴，所涉及的金融产品或服务也都主要由正规金融机构来提供。（2）普惠金融所辐射的客户群应涵盖某经济社会的所有成员，特别是之前被正规金融排斥在外的低收入人群。

对于在实践层面如何推进普惠金融的发展，不同学者也提出各自看法。吴晓灵（2013）认为应该对普惠金融的参与主体予以税收等政策上的倾斜。吴国华（2013）认为在农村地区应该从完善法律法规制度和投资软硬件基础设施，改革农村金融体系和创新金融服务产品等方面着手。刘萍萍和钟秋波（2014）提出要在我国农村地区建立高覆盖率的农村金融互联网，加强金融基础设施的建设，并且要促进新型农村金融机构的可持续发展。郭金全（2014）认为要构筑起金融机构经营理念创新，金融监管适当放宽和优化政府部门环境。胡文涛（2015）则认为加强国民金融教育、普及金融知识以提高服务对象的金融素质。

第二节   普惠金融概念的基本特征

普惠金融理论认为只有把低收入群体也纳入金融服务范围，尤其是正规金融体系之中，并有机地融入金融体系中，才能使先前没有获得金融服务的大量弱势群体从中获益，并最终使普惠金融体系服务于社会中的绝大多数人。张晓燕等（2014）认为普惠金融概念应具有以下基本特征：

一、普惠金融的服务对象更为广泛

金融不能仅仅服务于富人，而应该加强对弱势群体提供其所需的金融服务，也就是说，实现金融公平是普惠金融的首要特点之一。目前，小企业、微企业、个体户、城市低收入群体和农户融资难的问题比较突出。这些弱势群体由于拥有较少的资金、居住的地方较为偏远、金融服务成本较高等原因，往往被排斥在传统金融机构之外。而在普惠金融体系辐射下，金融服务对象包括所有居民和企业，特别是低收入群体和中小微型企业，都应该并且能够以合理的价格获得相同的金融服务和金融权利。

二、普惠金融的提供机构更加多元化，但主力军是正规金融机构

普惠金融业务的提供者数量充足，组织形式丰富，属于多元化和多层次的机构体系，包括商业性金融、政策性金融、合作性金融等正规金融组织及其资金互助社、私人钱庄、民间借贷等非正规金融组织。这里的正规金融组织是有保障的、受监管层监管，具有较强的风险防范能力的金融机构，他们能够在任何可行的情况下，为客户提供具备成本效益

且种类多样的金融服务。

　　小微企业、低收入群体等在纳入普惠金融体系之前，也可通过各种形式的民间金融或者说是非正规金融得到部分满足，但存在以下不公平待遇：首先，非正规金融只能"部分满足"这些弱势群体的金融需求，因为非正规金融资源的供给本身往往就不充足。其次，为了实现风险抵减，非正规金融提供的金融服务和金融资源的价格较高，这就给相关资金的使用者带来了沉重的负担。最后，非正规金融机构的规模较小，风险防范能力较差，容易产生金融危机和社会问题，不利于经济和社会的稳定发展。因此，普惠金融体系特别强调由正规金融机构向小微企业、低收入群体等提供金融服务，同时接受金融监管部门的监管，这些都将大大降低金融体系所面临的风险，减少相关危机发生的可能性。

三、普惠金融的业务种类多样化

　　普惠金融与小额信贷不同，不仅仅局限于向客户提供短期、中期和长期贷款，还包括储蓄、保险、汇款、资金转账、代理、租赁、抵押、理财和养老金等全功能、多层次的金融服务，如图1-1所示。普惠金融的理念就是要在合理价格的前提下来满足各个阶层客户的基本金融需求。其中，面向低收入人口的自愿储蓄为人们提供了安全、方便、可细分的金融业务，目的是"帮助穷人形成储蓄的习惯，而不是让他们由于无法储蓄而将所有收入都消费掉"；小额保险业务能够增强低收入人口对风险的防范和应对能力，特别是医疗保险和养老金保险，为其提供了面对疾病和衰老的必要资金；转账/支付服务也是许多低收入家庭不可或缺的金融服务，比如许多贫困家庭依靠外出务工家庭成员的汇款；低收入群体同样存在对代理投资、抵押、理财等其他金融需求，当然这些金融需求具有区别于其他群体的鲜明特征。

　　为了满足客户日益个性化的金融需求，普惠金融可以通过金融创新，实现（1）金融产品或服务的多样化；（2）金融产品或服务质量的不断提升；（3）相关成本的不断降低。

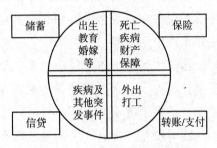

图 1-1　普惠金融的业务类型

四、普惠金融机构具备强大的可持续发展能力

普惠金融毕竟属于商业化的金融发展模式，缺乏合理盈利的普惠金融也就丧失了持续存在的基石。而要获得持续稳定的盈利，普惠金融机构必须具备强大的以需求为导向的金融创新能力，不断推出符合各个阶层需求的金融产品或服务，有效解决成本—盈利之间的矛盾，同时建立较为完善的内部管理体系和内控机制，接受金融监管部门合理审慎的监管，走可持续发展的道路。

第三节　普惠金融的发展目标

联合国（2005）提出了小额信贷的五个关键目标。由于小额信贷是普惠金融的重要实践形式，所以这五个关键目标也可以近似视为普惠金融的发展目标。

一是通过开展小额信贷服务，促使"千年发展目标"（Millennium Development Goals）的实现，即使世界赤贫人口到 2015 年减少一半。

二是通过开展小额信贷业务，促使公众加强对作为均衡发展重要组成部分的小额信贷的认识和理解。

三是推广面向各类客户群体的金融机构。

四是支持对金融服务可持续发展性评估。

五是鼓励创新，促进和支持新的战略合作伙伴关系，以建设伙伴关系、建设和扩大小额信贷、微型金融和普惠金融等的服务领域。

另外，周小川（2013）也对普惠金融（包容性金融）的发展提出了以下四个目标：

一是家庭和企业以合理的成本获取较广泛的金融服务，包括开户、存款、支付、信贷、保险等。

二是金融机构稳健，要求内控严密、接受市场监督以及健全的审慎监管。

三是金融业实现可持续发展，确保长期提供金融服务。

四是增强金融服务的竞争性，为消费者提供多样化的选择。

第四节 发展普惠金融的必要性

发展普惠金融体系，让社会各个阶层都能够以合理的价格获得所需要的金融服务和金融支持，有助于使得金融市场和金融体系的更加完善发展，符合科学发展观的核心要求，能够实现一国国民经济的长期、稳定、健康发展。张晓燕等（2014）和焦瑾璞（2009）认为发展普惠金融有其积极的必要性，具体如下：

一、减轻信息不对称，降低交易成本

在发展中国家金融市场上，普遍存在信息不对称的问题，导致金融机构向低收入群体和小型微型企业等提供金融服务的成本和风险大大提高，因此，这些群体往往只能被排除在正规金融体系之外。普惠金融体系的发展和完善，能够减轻信息不对称的程度，降低庞大的交易成本，这正是普惠金融体系在发展中国家能够得以建立和发展的重要原

因之一。

二、消除贫困，实现社会公平和稳定

小额信贷和普惠金融能够使贫困者保护其有限的收入和财富，并增加多元化的收入来源，是其摆脱贫困和饥饿的基本途径。一个安全而便利的储蓄账户可以使贫困家庭积累足够的现金，用于小商贩进货、子女上学、支付卫生医疗费用、修缮漏雨房屋等；贷款、储蓄和保险能够帮助贫困人口减轻收入波动，降低低收入者的脆弱性，应对突如其来的失业、疾病、自然灾害甚至死亡。

三、改善教育，促进知识的传播

当今时代是一个知识经济时代，教育对于一个国家和地区的发展至关重要。然而在农村和一些贫困地区，很多孩子因为资金问题而辍学，不能接受学校教育，从而影响该国经济的持续发展。普惠金融主要服务于贫困和低收入群体，这些人群在获得来自普惠金融机构的资金流入时，往往会将其中的一部分投入子女教育。国外调研发现，在接受小额信贷的家庭中，孩子的辍学率明显低于当地平均水平，孩子接受学校教育的时间明显长于当地平均水平。

四、提高妇女儿童的健康水平和社会地位

普惠金融中的很多小额信贷项目中以妇女为目标客户，他们一般能够表现出比男人更强的金融责任感，往往把增加的收入更多的投资在家庭和家庭福利上。另外，妇女们通过获得金融服务，享受到了更多的权利，使其更加自信和决断，更有能力面对社会上的一些不公平。

疾病是贫困家庭最严重的危机，疾病使其无法工作，昂贵的医疗支出耗尽收入和储蓄，会使贫苦家庭的生活雪上加霜，迫使他们变卖资产

或陷入负债。伴随着普惠金融的发展，一些小额信贷机构开始向贫困家庭提供健康教育，包括免疫、安全饮用水、新生儿保健等内容，在此基础上，一些小额信贷机构还与保险提供者进行合作，提供健康保险。研究发现，使用小额信贷服务的客户家庭与未使用的家庭相比，表现出更高的营养水平、更好的保健措施和更佳的健康状况。

五、改善公共基础设施建设

小额信贷、微型金融和普惠金融增加了贫困群体的收入，他们会将钱用于改善住房、饮水和卫生条件等方面。例如，印度的 SEWA 项目将微型金融与设施改造项目相联系，推动了社区基础设施建设，所用资金几乎全部来自微型金融机构提供的贷款。

总之，普惠金融体系将几乎所有社会群体特别是贫困人口纳入金融服务系统中，降低了因信息不对称导致的高昂交易成本、消除了贫困从而实现了社会公平和稳定，促进了教育、医疗和基础设施的发展，从而有利于实现一国（特别是发展中国家）经济的可持续发展。

第五节　普惠金融体系的框架

世界银行（2006）认为，普惠金融体系框架是指将包括低收入者在内的金融服务有机地融入微观、中观和宏观各个层面的金融体系。

一、客户层面——服务对象

在发展中国家，贫困人口极少使用金融服务，可以说被传统金融排除在外，而普惠金融主要服务于那些被传统金融市场排除在外的群体，他们有共同特点：贫困、收入较低、居住在偏远地区等。我们不仅要寻找他们被传统金融排除在外的原因，更要寻找将他们纳入金融服务体系的途径，以及他们所需求和能够承担的金融产品。

普惠金融的客户——贫困和低收入人口被排除在正规金融体系之外的原因不外乎以下几个方面：信息不对称、缺乏抵押品、居住偏远、交易额较小等。但是，这些得不到传统或正规金融服务的很多企业和个人都（1）能够按时偿还贷款；（2）有收入，能够支付保险金，但得不到保险服务；（3）希望有安全的地方储蓄资金和积累财产，通过可靠方式从事汇兑和收款，但是却被传统正规金融机构拒之门外。因此，他们需要普惠金融机构向其提供便利的、能够负担得起的、可持续的、安全可靠的金融服务，而这一般应通过正规金融和微型金融途径来获得。一方面，随着利率市场化的开展，越来越多的正规金融机构为了适应日益激烈的竞争趋势，逐步扩大客户范围，开始面向低收入者和小微企业，从事零售银行业务；另一方面，微型金融机构（如村镇银行、小额贷款公司等）向贫困和低收入人口提供必要的金融服务：包括金额小、期限短、可重复的小额信贷服务；安全、便利的储蓄服务，以使穷人更好的应对未来重大生活事件的支出；安全快捷、收费低廉的支付服务，如国际劳工汇款等；微型保险以帮助贫困和低收入者抵御经济危机，为其健康、生命、财产和家畜等提供必要的保险服务。

普惠金融体系的客户应该包括所有阶层，特别是那些目前被排除在正规金融体系之外的贫困和低收入客户，具体包括三部分：一是农村和农户；二是城镇中的中小企业或小微企业；三是城乡贫困群体。普惠金融客户对金融服务的需求决定着普惠金融体系各个层面的行动。

二、微观层面——普惠金融提供者

普惠金融体系的支柱是零售金融服务的提供者。在普惠制金融体系下，需要各种金融机构共同参与并提供不同的金融服务，来满足客户的多样化需求。根据机构性质，我们将普惠金融提供商分为以下类别：银行类金融机构、非银行金融机构、非政府组织和合作性金融机构。

（一）银行类金融机构

越来越多的银行和其他传统金融机构看到普惠金融服务的巨大前景和潜力，特别是受到政府的一些扶贫政策和优惠措施的引导，开始向中低收入客户提供普惠金融服务。这类金融机构具体包括政策性银行、国有商业银行、股份制银行、邮政储蓄银行、小额信贷银行、农村银行等。

（二）非银行金融机构

从事普惠金融服务的非银行类金融机构包括抵押贷款者、租赁公司、消费者信贷协会、保险公司等，这类金融机构属于正规金融体系，接受监管当局的监管。从法律和监管角度来看，普惠金融提供商采取非银行金融机构的形式更容易获得政府和监管当局的许可，但其产品和服务范围也受到较为严格的限制。具体来说，特许的非银行金融中介机构如小额信贷公司和金融公司提供非抵押的信贷产品和服务，服务于低端市场和小型企业；保险公司常常作为其他机构的再保险者提供微型保险服务，或通过零售机构以代理的方式向低收入客户提供服务；转账支付公司向中低收入群体提供在国内或国际间进行快捷可靠的转账服务；非银行私人零售商如典当行、放贷者、农业供销商等，向贫困人口和低收入人口提供金融服务，规模和数量十分庞大。

（三）非政府组织

非政府组织（Non - Governmental Organization，NGO）是现代小额信贷领域的先行者，提供信贷等金融服务以及和健康、教育等关联的基本的金融服务，目的是改进贫困和最贫困人口的社会福利。非政府组织很大程度上弥补了银行不能有效为穷人服务的空白。一般认为，全世界至少有数千家非政府小额信贷组织，其中最著名的是孟加拉乡村促进委员会（BRAC）、社会进步协会（ASA）等。

（四）合作性金融机构

合作性金融组织一般由其成员共同所有和经营，大都属于非盈利金融组织，能够提供包括储蓄、支票账户、贷款、保险和资金转账等在内的金融服务。合作类金融机构主要包括各类合作社、信贷联盟等信贷合作组织和资金互助组织，一般将其所获得的收益在弥补了成本后所形成的利润在成员内部进行分配，收益形式包括：按照成员份额获取的红利、增加的存款利息、降低的贷款利率，以及更为优质的金融服务等。

（五）普惠金融提供商的可持续发展

普惠金融机构中的大多数具有经济和社会的双重目标，即在实现自身可持续运营并获取效益的同时，还在一定程度上兼顾着减少贫困、实现公平等社会目标。实践证明，尽管小额信贷、普惠金融的成本较高，使得很多普惠金融服务提供商依靠补贴和捐助生存，但已有越来越多的普惠金融机构实现了独立经营、自给自足和可持续发展。只有实现了普惠金融体系的可持续发展，才能够为更加贫困的客户提供所需的普惠金融服务。

三、中观层面——金融基础设施

中观层面包括金融基础设施和金融服务，以此来降低交易成本、延伸金融服务范围、提高金融服务透明度等。那些贫困人口和低收入者一般只拥有较少资金、居住相对分散、几乎没有书面的信用记录，因此向其提供金融服务成本高昂，这是传统金融机构不愿涉足贫困人群的原因，也是当前向更贫困人口和更偏远地区开放金融市场的障碍。因此，建立强大的金融基础设施体系十分重要，可以促进金融市场发展，提高投资者的决策水平。

具体来说，金融基础设施包括一系列由公共和私人部门提供的金融业支持机制，即金融业（包括信用局、评级机构和审计部门等）可获得的信息基础设施，支付、清算和结算系统，以及公认的标准体系，还可以进一步延伸至法律系统、规章制度以及强调创新的国际金融体系和基础设施。普惠金融体系的中观层面如图 1－2 所示。其中，金融基础设施是指允许资金在金融机构之间充分流动、安全交易的支付和清算系统；信用管理服务能够使管理者提高经营决策水平，使投资者作出科学的投资决策，并帮助金融机构降低风险和成本；技术支持服务可以提高并完善金融机构现有的管理能力和效率，并构建全球化的知识体系；网络支持组织能够使普惠金融机构分摊金融基础设施和服务的成本。

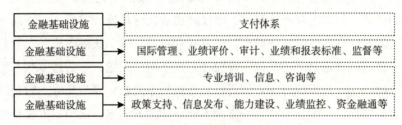

图1-2　普惠金融的金融基础设施和相关服务

加强普惠金融体系中金融基础设施建设，目的是提高透明度、实现信息共享、扩大行业内的竞争、鼓励创新，从而使零售金融机构能够以较低的成本提供更为优质的普惠金融服务。

四、宏观层面——政府和政策环境

宏观层面主要体现在政府应创造良好的政策环境，一个恰当的立法和政策框架能够使一定范围内的金融服务提供商共存并良性竞争，从而为大量贫困客户提供优质、高效、低成本的金融服务。

中央银行、财政部和其他国家政府实体等是宏观层面的主要参与者，他们往往会通过以下方式涉足金融体系：直接介入市场并提供金融服务，间接干预市场并引导资金流向；制定政策如银行业规章和监督机制，使金融机构有能力为贫困和低收入者提供恰当的金融服务和金融产品；提供财政激励或强制金融机构为低收入群体提供金融服务，以此提高普惠程度。

政府关注普惠金融带来了机遇，表现在政府通过实施积极有效的宏观政策，鼓励普惠金融机构的可持续发展，消除阻碍普惠金融的发展障碍。但政府关注也带来一定的政治风险，表现在政府对普惠金融的理解不当反而会阻碍普惠金融体系的建设步伐。因此，政府应在普惠金融体系建设中发挥一个怎样的角色，成为一个有争议的话题。个人认为，政府应该在普惠金融体系的建立过程中发挥更为积极的作用，主要体现在政策、法律和监管等方面，政府最为重要作用是为普惠金融发展创造适宜的环境，包括宏观经济环境、制度环境、监管环境等方面。由于这些问题的复杂性，政府要注意干预的方式和程度，确保法律法规和监管体制不会阻碍普惠金融的发展。需要注意以下两个问题：一是适度利率管制方面，一方面不应对小额信贷设立最高利率限制，因为利率上限很可能会最终损害贫困客户；另一方面不能一味放开利率，正确的方法是在逐步放开利率的同时鼓励适当竞争，利用市场力量将利率维持在一个合理的水平上。二是政府在进入市场零售层时应特别谨慎，不应支持在长期中无法盈利的商业模式。

总之，普惠金融体系如图1-3所示，包括需求者、微观、中观和宏观四个层面，其不断融合就是一个逐步向那些更为贫困及位置更偏远的人口敞开金融市场的过程。

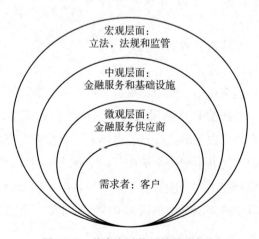

图1-3 普惠金融体系的构成框架

第二章

对普惠金融理论发展成熟度的思考
——基于"范式"视角

第一节 成熟理论体系的衡量标准——范式

范式,从本质上讲是一种理论体系,但又同时涵盖了本体论和认识论,是特定的科学共同体从事某一类科学活动所必须遵循的公认模式。作为衡量某种科学研究理论体系是否成熟的基本标准,范式的概念早已被各类自然和社会科学的研究者所广泛接受和认同。可以说,只有当普惠金融形成一种被众多经济学学者广泛接受的研究范式,才会对当前主流的新古典金融研究范式造成全面而有力的冲击,乃至对当前及以后的国内外金融实践活动产生本质上影响。因此,有必要从范式角度来考量目前普惠金融的发展状况。此部分的论述主要借鉴了库恩的相关观点。

一、范式的概念

范式的英文表达为"Paradigm",它源于希腊语"Paradeig-ma",最初其基本含义为"共同显示",后由此引出模式、模型、范例等义。范式的概念和理论是美国著名科学哲学家托马斯·库恩(1962)在其经典著作《科学革命的结构》（*The Structure of Scientific Revolutions*）一书中提出并系统阐述的。库恩著作中对于范式的概念的描述与刻画非常晦涩难懂，这是因为库恩的范式概念体系中包含了诸多概念层次，但不幸的是库恩并没有将这些概念层次很好地区分开来。下面就库恩著作中的相关内容尝试进行阐释：

（1）在科学实践活动中某些被公认的范例——包括定律、理论、应用以及仪器设备等，为某种科学研究传统的出现提供了模型。

在库恩的范式论里，范式首先应该是一种理论体系，范式的突破导致科学革命，从而使科学获得一个全新的面貌。

（2）一个科学共同体所信奉的信念之诸组成成分中，总是有一种明显的随意因素，其中包含着个人与历史的偶然事件在内。这种随意性因素并不意味着任何科学团队无须一套共同接受的信念就能实践科学事业，相反对于一个科学共同体来说，世界观、解决科学问题所采用的工具、方法以及研究相关科学问题的方法论应该大致相同。

范式不仅是常规科学所赖以运作的理论基础和实践规范，具体包括基本理论、范例、方法、手段、标准等与科学研究有关的所有东西，同时也应该是从事某一科学的研究者群体所共同遵从的世界观和行为方式。而正是大致相同的世界观帮助科学共同体明确了什么样的问题才是"值得研究的科学问题"。

（3）范式应该具备两个明显的特征：一是吸引了一批坚定的拥护者，使得他们脱离其他具有竞争性的研究模式；二是足以为其拥护者留下天量的有待解决的问题。范式包括了定律、理论、应用和研究工具，为特定的连贯的科学研究提供模型。

如果从这个角度来阐释的话，科学共同体的形成是范式成熟的基本表现：因为科学共同体秉承着大致相同世界观的同时，也在使用大致相同的技术手段进行相关科学领域的研究。

马斯特曼（1987）对于库恩范式的理解甚至得到了库恩本人的高度认可，她强调库恩所提出的范式更多的是"一种整体的世界观"，范式是"先于理论，而又不同于理论"。

约翰逊（Johnson，1983）指出，库恩的范式论最明显的一个缺陷就是忽视了目标函数，不仅会导致在自然科学研究中应用范式论"可能"成为一个错误，在经济学方面则是"完全不能接受"的。约翰逊对库恩范式的批判其实有些偏颇，因为库恩在论述范式相关概念和作用时主要借助了自然科学发展史实来进行分析，自然科学相对于社会科学来讲更加具有"天然的价值中立性"。但社会科学，尤其是经济学的研究范式势必需要明确自身的目标函数，即科学共同体的世界观，包括信仰和价值必须要明确，因为这本身决定了经济学研究中哪些问题才是值得研究的科学问题。其实经济学研究中有关规范分析和实证分析的划分也体现了大致的含义。

结合库恩范式的概念描述，本书尝试对经济学范式进行定义：某一群经济学研究者所组成的共同体在从事经济学研究活动所必须遵循的公认的模式，是共同体成员所共享的世界观（包含信仰和价值）和技术等的集合。换句话说，经济学范式应该也必须囊括三个层面的内涵：信仰、价值与技术，即审视某个经济学范式可以借由信仰、价值和技术这三大视野。

之所以强调经济学研究的共同体共享世界观包含信仰和价值，是因为信仰层面体现共同体成员对经济要素究竟该如何运作的深刻理解，信仰决定了共同体成员开展经济学研究的最初目标和最终归宿，信仰势必会体现经济学者头脑中有关理想经济运行状态的描述，也可以说体现了经济学者致力于实现的经济运行所应达到的目标（包括阶段性目标和最终目标）；技术则决定了共同体成员采用何种理论工具开展经济学研究，价值则是信仰和技术层面不可或缺的中间传导链节，信仰决定了共同体成员拥有大致相同的价值判断，而价值判断则会对何种理论工具更加有效进行取舍。

二、范式的作用

库恩范式的提出在整个西方科学哲学界引发了巨大的轰动。针对范式的作用，周寄中（1984）认为范式论更倾向于探讨"科学家实际在如何思维"，而不是传统科学哲学所关注的"科学应当是什么"命题。与其说范式说很好地解释了科学理论结构、科学知识增长与科学发现过程中的理性是如何发挥作用的，倒不如说范式说抛出了如是一个问题：如何正确地处理科学哲学、科学心理学与科学社会学三者之间的关系。

库恩（1962）指出范式之所以获得其公认的拥护地位，是因为它比其竞争对手能更成功的解决一些问题，而这些问题又为实践者团体认识到是最为重要的。任何一门科学发展过程中，最先被接受的范式，通常会让人感觉到它对科学研究者容易理解的大多数观察和实验，能给予相当成功的说明。当然任何一种成功的范式，不能用其所能明显成功解决问题的数量来衡量，成功的范式，或者说有效的范式，能够更多的应该为相关学科领域提供某种预示。而常规科学就在于实现这种预示，其方法就是扩展那些范式所展示出来的特别有启发性的事实，增进这些事实与范式预测之间的吻合程度，并且力图使得范式本身更加明晰。或者换句话说，常规科学研究乃是在于澄清范式所已经提供的那些现象与理论。因此，我们可以说常规科学，是一项高度累积性的事业，它的目的在于稳定扩展科学知识的广度与精度。范式可以提供一系列的工具，如果这些工具能表现出有能力解决它所规定的问题，在常规科学研究中，科学家们通过有信心的使用这些工具，则科学就能得到最快和最深入的发展。

如果科学家不坚持某种范式，则不会有常规科学的存在。乃至科学家踏入新的研究领域，或对理论与实际之间的吻合程度有较高要求时，都必须坚持对既有范式的承诺，否则范式就不可能揭供尚未解决的谜题供科学家从事研究。此外，不仅常规科学研究依赖于对范式的承诺，乃至意外发现、反常和危机也可以视为既有范式对科学家们的帮助，因为这些例外情况正是科学家们利用现有范式对研究现象或科学问题进行预测与解释时无法圆满处理的。总之，范式既是科学家观察问题的向导，也是他们从事研究的依据。范式是一个成熟科学共同体在某段时间内所接纳的研究方法、问题领域和解题标准的源头活水。

从另一方面来看，范式更多的作用是为了以后将要参与实践而成为特定科学共同体成员的学生们而准备的，因为这些学生都是从相关的模型中学到这一学科领域的基础的，他之后的时间将很少会在基本前提上发生争议。

针对范式的作用，库恩晦涩难懂的著作也并没有进行非常清晰的表达，尼勒（Kneller，1978）指出库恩并没有详细阐述范式观念所包含的这些组成部分，从而使得范式对科学发展的解释能力大打折扣。但其实是尼勒误解，最起码是苛责了库恩。马斯特曼（1987）曾经干脆利落的指出："范式是在还没有理论时起作用的那种力量"。臧旭恒（1992）认为范式不仅可以在尚未形成理论之时起作用，而且还会发挥一种凝聚力，它为某一科学学科的后继者隐含的规定了在某一领域中应当研究些什么问题，采用些什么方法。

三、范式的自我改进

范式并非一成不变，相反，随着常规科学的研究，势必会涌现大量反常现象。但是在已有范式的指导下，常规科学可以有效地消化这些反常现象，新的规则被精心制作出来：发现始于意识到反常，即始于认识到自然界总是以某种方法违反支配常规科学的范式所做的预测，于是，人们继续对反常领域进行或多或少扩张性的探索，指导调整范式理论使得反常变成与预测相符时为止，也就是说，范式指导着常规科学实现了对自身的调整与改进。这个过程中，首先是科学家们意识到反常，观察与概念的认识上逐渐调整，最后是范式的范畴与程序的改变。当然这种改变也往往伴随着阻力。这种阻力将保证范式不太会被轻易地抛弃，因为科学家们不会轻易地被反常烦扰，因而导致范式改变的反常必须对现存知识体系的核心提出挑战。而且反常也只会在范式提供的背景下显现出来。范式越精确，涵盖面就越广，那么范式作为对反常的一个指示器就越灵敏。反常意识开辟了一个新的时期，在此时期内概念范畴被重新调整，直到反常现象变成预期现象为止，至此，科学发现也就完成了。

因此，我们可以这样说，相比较之前传统的科学哲学理论，库恩的范式理论将科学演进真正置于一个变化的过程之中。正如皮克林（Pickering，2001）指出，"库恩的伟大贡献之一，就是把时间引入范式之中，从而把常规科学看作是某种动态的东西，在时间与历史中变化的东西。"

四、新旧范式的更替

当科学家们所意识到的反常是如此长久和深刻，以至于人们可以把它影响所及的领域恰如其分的说成是处于日益增长的危机状态中。理论的崩溃与新理论的大量涌现都可以视为危机的一个信号。通常导致现有理论崩溃的问题很多情况下是那些早已经被认识到了的问题，早先的常规科学实践有各种理由认为它们已经解决或能够被解决。因此，一旦解释的企图遭遇失败，随之而来的失败感也会显得尤为强烈。因为它要求大规模的范式破坏，要求常规科学的问题和技巧有重大的转变。所以，在新理论凸显之前，一般都会有一段显著的专业不安全感时期。当然，这种不安全感是在常规科学解不开它本应解开的谜的这种持续失败中产生的。现有规则的失效，正是寻找新规则的前奏。

危机是新理论出现的前提条件，那么我们要问，科学家对危机的存在是怎样反应呢？科学家可能一开始会失去信心，然后考虑别的选择方案，但他们绝不会抛弃已经导致他们陷入危机的范式，因为如果要宣布已有范式无效，则必须要有另外一个适合的候选者取代它的地位才行。

在新范式的早期发展阶段，发明出一套可以足以替代原有理论体系的新理论并不很困难，但科学家们恰恰很少主动去做类似的发明，除非是在其科学发展的前范式阶段和其后演变期间非常特殊的场合。就像制造业中一样，更换工具是一种浪费，只有在不得已时才会这么做。危机的意义就在于，它预示着更换工具的时机已经成熟。到此时，新旧范式的差异已经不可调和，新旧范式的更替也变得如箭在弦。新旧范式的替换远不是一个累积的过程，即绝不是一个对旧范式进行修改或扩展从而形成新范式的过程。新范式取代旧范式更像是将一幢建筑物拆除之后重建的过程，这种重建改变了研究领域中某些最基本的理论概括，也改变了该研究领域中许多范式的方法和应用。当然，在新旧范式转变期间，两种范式所能解决的问题之间有一个很大的交集，但并不完全重叠。但是新旧范式在专业的视野、方法论以及目标上却迥然不同。接受新范式，也就意味着要重新定义相应的科学。有些老问题会移交给别的学科去研究，或被宣布为完全不科学的问题。或者是以前被认为无足轻重的问题，随着新范式的出现，可能会成为导致重大科学成就的基本问题。

针对新旧范式的替换在解释科学发展所发挥的作用，布尔迪厄在20世纪70年代出版的《科学之科学与反观性》中做出了如是评价：库恩一个重要的贡献就在于揭示了科学发展并非连续性的过程，而是以一系列的中断和"常规科学"和"科学革命"之间的交替过程为标志。但与此同时，布尔迪厄也认为库恩对科学革命的描述太简单，并没有给出能够解释变化的严密模型。库恩将"不可通约性"应用于科学理论，意欲强调新旧两个范式具有本质性的差异。库恩（1970）就指出"从科学革命中表现出来的常规科学传统，与先前的传统不仅在逻辑上互不相容，而且两者经常在实际上是不可通约的。"

尼勒（1978）提到，库恩认为常规科学及其导致的周期性革命是成熟科学唯一的增长方式，除去这一情况外，其实科学也有别的增长方式。有时提出一种关键的新理论并不是反常现象增加的反应，而是为了解决两种现存理论之间的冲突。例如，爱因斯坦提出狭义相对论统一了牛顿力学和麦克斯韦电动力学，广义相对论则统一了狭义相对论和牛顿引力理论。另外约翰逊（1983）也指出还有三种原因导致范式之间的更替：（1）经济学对其他流行学科的仿效；（2）新的社会价值观引发经济学家理念的变化；（3）重大的经济与社会动荡。由此可见，新旧范式的替换对于科学增长方式的解释能力相对狭隘，而非是绝对完美的。

五、新旧范式优劣的判别标准

危机对于范式的转换非常重要，因为如果没有危机，科学家很少会放弃解题能力的过硬证据，而去追随那些易于被证明且广泛被看做虚幻的东西。但是仅有危机还不够，虽然新范式的信奉者所提出的一个最光明正大的理由是他们能解决老范式陷入危机的问题，当然如果这一主张能合理的实现，那么它通常可能就是一个最有效的主张。但仅仅主张并不等于实际上能够达成。新范式在最初阶段的解释能力通常并不比旧范式更出色。

另外，新旧范式的替换不能通过常规科学所特有的评估程序对范式进行选择，这是因为是先有范式后有常规科学，之所以会出现范式的更替，恰恰是因为旧范式自身出现了问题。利用常规科学来为范式的优越性辩护是苍白无力的，当不同范式在范式选择过程中展开相互竞争、互相辩驳时，每一个范式都同时作为论证的起点与终点，每一学派都用它自己的范式去为这一范式辩护，因此使得这种辩证部分带有循环辩证的味道。每个范式都会表明它在多大程度上符合自身预设的标准，但却很难满足对方的标准。这就使得新旧范式辩论过程缺少火星四溅的激烈对决，反而类似于低水平的辩论比赛时所出现的各说各话。不同范式的支持者之间，在观点上总会有难以沟通的情况出现：首先，新旧两个范式支持者对于自身范式所要解决问题的清单看法不同；其次，新旧范式的支持者在不同的世界中从事他们的事业。而且范式竞争与辩论总会涉及这样一些问题：哪些问题比较值得去解答？套用经济学的标准术语来讲，类似牵扯价值判断的问题属于规范经济学范畴，除非是借助其他外部标准，否则不可能得出优良中差的判断结果。而恰恰是需要借助外部标准，才使得范式辩论更多带有某种"革命性"特征。

那么到底是什么理由使得科学家们弃旧迎新？通常这种考虑都没有表达得很明白清楚，不过其要点是诉诸个人的适宜感或美感——新理论被说成比旧理论"更灵巧"、"更适宜"或"更简洁"（库恩，1970）。这种论证大概在数学上比在科学上更有效。大部分新范式的早期形态都是粗糙的，等到其美学上的吸引力得以全部展现时，科学共同体的大部分人早已为其他方式所说服。然而，美学上考虑的重要性优势确实是决定性的。虽然这种考虑往往只能吸引一部分科学家接受新理论，但新理论的最终胜利有赖于这部分人。新范式并不能给予这部分人以充分的证据来表现自身对于未来研究更好的指导意义，相反这部分人做出选择所依据的不是过去的成就而是未来的前景。他们对于新范式有信心，相信它将会成功解决它所面临的许多大问题，而老范式已经无法解决其中的很多问题。让他们做出选择的只能是信念。

不可否认，正如尼勒（1978）对库恩在相关问题上阐述所评价的那样，新旧范式评价标准并不足够明确，从而使得科学家们可以比较清晰的比较出孰胜孰劣，毕竟科学家们在解释能力和简洁性等原则上存在相当不同的评价和估计。这就使得库恩在新旧范式比较方面仅仅能提出某些看似"更加主观"的判断。

当然，在起初阶段，新的范式候选者可能只有少数支持者，有时这些支持者的动机也是可疑的。然而，一个范式要取得胜利，它必须得到一批最初的支持者，这些人会去遵循它并在开展常规科学的前提下来发展它。如果这些支持者有能力持续改进范式，并且向其他科学家表明在新范式的指导下共同体将有什么样的状况。照此发展下去，这个范式注定会获胜，支持它的论据数量和说服力将会增加，更多的科学家也会转向对新范式的探索。逐渐的，基于这个范式的实验、工具、论文和著作的数量都会倍增。越来越多的人会信服新观点的丰富性并采用这种新范式来指导常规科学，直到剩下一些年长的守旧派未被改变。但是在整个专业共同体都已经改宗后，那些继续抗争下去的人也事实上不再是科学家了（库恩，1970）。

第二节　经济学研究范式对金融学的影响

　　新古典范式基本内核包含完全理性、完全信息、零交易成本、制度空白的基本假设以及边际分析的处理方法。套用拉卡托斯科学研究纲领的相关概念来讲，新古典范式也有其基本内核与保护带。作为当代经济学的最重要分支，信息经济学和新制度经济学其实也隶属于新古典经济学范式。准确地说，信息经济学和新制度经济学由于对新古典范式基本前提假设的放松而成为新古典范式最重要的保护带。信息经济学放松了新古典范式的完全信息假设。表面上看，新的信息假设与旧假设有很大的不同，但实质上是一回事。杰出的经济学家法玛曾敏锐地指出，主流经济学坚持信息的不完全性，实际上隐含地肯定，如果当事人愿意付出足够的信息成本，就可以获得完全信息。因此，通过把与人的认知能力或环境的不确定性相关联的理性不足转化为信息成本的约束，新古典范式再次获得新生，并且这一次使其对现实的解释力大大增强了（马涛，2014）。新制度经济学主要放松了新古典范式有关制度空白假设和零交易成本的假设正是由于新古典范式以理性预期为桥梁，实现不确定性向概率型确定性的转化，以及以不完全信息为桥梁，实现认知能力不足向信息成本的转化，才使得原主流经济学内部的各分支有了一个统一的基础，无论是后来兴起的新凯恩斯主义，还是信息经济学为依托的新制度经济学，都走入了新古典范式的阵营。当然，诺斯作为新制度经济学的一个特例已经走得太远，显然已经突破了新古典范式。正如诺斯所说，人们只具有不完全信息，且处理信息的能力是有限的。同时他更提出了"路径依赖"和"报酬递增"的概念来强化了相关的突破。

　　新古典范式的创立及其保护带的发展极大地提升了经济学对经济现象乃至对社会问题的解释能力，使得经济学获得了"社会科学王冠上的明珠"这样的称号，并且大肆进入了各类社会科学的研究领域，"经济学帝国主义"的讲法早已从警告变为现实。

　　新古典范式的缺点同样不能忽视，其缺陷主要源自于新古典范式乃至主流经济学的世界观。新古典范式将经济现象的运动方式基本类比为宏观物理学，尤其是宏观的力学分析，导致了新古典范式指导下的经济分析侧重甚至是痴迷均衡分析及对均衡状态的寻觅，而忽视了对均衡形成过程的关注。新古典范式隐含的相信，只要对相关现象进行了精确的解构，就可以很好的解释与预测经济现象和经济问题（林毅夫，2001）。但恰恰是新古典范式的创立者马歇尔对新古典范式的力学情结进行了客观的评价：经济学的麦加不在物理学，而在于生物学。新古典范式牢固的经典力学世界观忽视甚至是主观厌弃复杂系统科学范式，如量子物理学、化学、生物学对经济学的深入渗透，其"物理学艳羡"已陷入了尴尬境地。

　　另外，我们只能说新古典范式是金融学理论的主流范式，而新凯恩斯主义范式同样对当代金融理论研究产生重要的影响。新古典宏观经济学和新凯恩斯主义各自坚持不同的范式基础、理论观点和分析方法，因此它们的对峙不但没有改变复杂、动荡的经济学范式转换背景，造成当代金融学整体上的分裂，而且由于新古典宏观经济学和新凯恩斯主义范式都有各自的严重缺陷，从而导致以它们为基础的当代金融学不可避免地存在许多矛盾和问题。各种经济学派衍生出的金融学理论观点相互独立，甚至相互矛盾，致使当代金融学严重缺乏统一、连贯的体系。支离破碎的理论体系，使金融学发展整体上停滞不前，难以实现新的超越，当代金融学理论只能在个别问题、个别现象和个别时期内有限地解释现实和发挥指导作用。

　　此外，仅仅就新古典经济学范式本身也同样导致了当前金融学理论解释能力的明显匮乏。理性人和持续自动的市场出清是新古典宏观经济学最重要的假设前提之一。因此，自由放任既是新古典宏观经济学的理论起点，又是其理论归宿。理性经济人是追求自身利益的最大化者，而金融自由化条件下金融活动主体的理性行为一定能够实现连续的自动的市场出清吗？而且新古典范式的两个基本假定这就导致新古典宏观经济学支持金融自由化理论，即通过解除国家对金融机构和金融活动的管制，就能够提高金融体系资源配置的效率，促进该国经济增长，但是新古典范式并没有明确划定金融自由化的极限。因为与其他经济活动相比，金融活动会对经济主体产生更多的外部性。行为金融学理论和诸多事实都充分的说明，参与金融活动的大量个体往往很难形成高效率的集体理性，因此，金融自由化在提高金融体系效率的同时也迅速放大了系统性风险，而当这些风险累积到一定程度就可能引发大规模的金融危机，并对社会经济造成巨大的负面冲击（姚勇，2000）。

如果从范式论的角度来看，金融学理论的不断创新发展和分析方法的变革也体现了金融理论范式的更替和转换。当今世界，经济全球化大大改变了金融机构与金融体系的外部环境和运作方式，而这就要求金融学理论对金融现象的解释能力和金融机构的有效指导提出更加苛刻的要求。但一系列的地区性和全球性金融危机的频繁爆发无情的揭示了当代金融学理论的苍白无力。毫不过分地说，当代金融学本身实际上是处于危机中的，而最大的危机就是金融学研究范式的危机（姚勇，2000）。

第三节　普惠金融尚未成为新的金融理论范式

如前所述，经济学科中的范式是某群经济学者所组成的科学共同体从事某一领域经济科学研究活动所必须遵循的公认模式，是共同体成员所共享的信仰、价值、技术等的集合。不论是从信仰、价值和技术哪个视野来看，普惠金融理论研究都尚未形成规范意义上的范式。

一、信仰层面：缺失目标使得普惠金融尚未形成科学共同体

正如本章所明确指出的，成熟范式所具备的明显特征之一即吸引了一批坚定的拥护者，使得他们脱离其他具有竞争性的研究模式。陈俊（2007）指出对于科学共同体而言，范式实际上是作为"精神定向工

具"而存在的。对于经济学研究范式来讲，信仰、价值和技术三个层面唯有信仰才能担当这种精神定向工具，因为信仰才会体现出经济学者头脑中有关理想经济运行状态的描述，即隐喻了经济学者致力于实现的经济运行所应达到的目标。

新古典金融范式基于完全自私合理性的认可而构建起了一套完整的金融理论分析体系，但却不能否认，也无权否认其他理论流派以及研究范式对人类更高道德诉求的追逐。普惠金融一经提出，就得到了国际范围内的强烈响应与积极反馈，正是由于普惠金融较当前主流金融体系更加富有人文关怀，对受到现行金融运作规则所歧视的社会弱势群体和小微企业持续挥舞着橄榄枝。对贫困人口、妇女及小微企业的关注实际上是人们对现行金融体系运作模式的一种理性反思以及对金融作用应该符合经济与社会伦理道义的一种感性纠偏。值得欣慰的是，普惠金融的理念以及技术方法在实践中也的确发挥了相当大的作用，这有给予人们更多遐想的空间。

与此同时，不可否认与回避的是，当前普惠金融理论与实践本身显然并没有触及人类社会发展的终极目标，例如，人类个体的高度自由与发展、人类社会的持久繁荣等。不论是削减贫困人口还是促进更多社会群体被纳入正规金融体系，仅仅可以算作一种阶段性目标。缺乏这些终极目标的指引，终究会导致普惠金融理论及实践环节在发展到一定程度时出现某种紊乱与迷失。而秉承同一范式的科学共同体是在同一文化结构层次这个基本思维前提下才拥有了相近的信念和世界观（江涛，1997）。因此，我们可以说这种紊乱和迷失实际上体现了当前普惠金融理论研究者群体在信念领域和世界观层面的失焦，也就是说普惠金融理论研究者们并未处于同一文化结构层次，使得不同学者对于普惠金融到底应解决哪些核心问题出现了明显的偏差。

缺乏更加宏观和长远的目标会导致普惠金融只能停留在某些相对机械的数据和指标层面。例如，目前普惠金融理论较普遍地认为金融基础设施建设和信贷可得性等指标是衡量某地区普惠金融实践发展的主要指标。我们仅从经济效益这个层面来看待，类似指标即使完成较好，是否就一定会促进社会弱势群体和小微企业提高其经济收入俨然是一个很大的问题。从社会经济系统演化角度来看，某类人群和组织一直没有从事某项活动的经历或经验，能否确保其突然开展相关活动的成功率呢？这个问题看似吹毛求疵，但笔者认为起码在一定程度上触及了一些问题的实质，就是社会弱势群体很少甚至从未获得过金融服务支持，当他们突然得到了相关金融服务时，他们是否有足够的能力来驾驭所获得金融资源来取得更多的经济收入呢？因此，仅仅追求金融基础建设和信贷可得性等指标的提升很有可能在加大弱势群体金融风险的积聚程度，在极端条件下甚至会背离普惠金融理念的初衷。另外，普惠金融的实践活动究竟能走多远，也不仅仅是由经济利益这唯一一种力量来驱动。如果是那样，普惠金融的发展则注定是非常局限和尴尬的。当然我们不会否定，在普惠金融的理念与实践环节中，商业力量可以说是最为主要的推动力量，缺乏了合理商业利润的外在引诱，普惠金融的实践注定将缺少激情和发展的动力。但这里需要强调的是，普惠金融的发展到底需要一种什么样的商业力量来引导和推动。而对于整个经济社会来讲，商业力量的经济伦理和道义属性反而是可以人为塑造的，社会舆论与道德文化建设传承对于所有生活在社会中的个人和组织而言都是巨大的力量。

因此，在普惠金融范式构建过程中，有必要加入更高层次人类社会发展目标作为目标函数。只有当普惠金融的发展亟须被纳入更为宏观的金融发展理念之中，而这种更为基础的金融发展理念作为普惠金融的顶层设计并构成了普惠金融的根本性目标约束，才会使得普惠金融的政策设计者和监督者在头脑中形成清晰的制度轮廓，比如为普惠金融实践活动制定不同阶段的总体发展目标与具体发展指标体系，当然普惠金融的发展目标和具体发展指标体系都是与社会及人权发展的阶段和总体目标紧密相连的，并将有力的促进后者的实现。

二、价值层面：普惠金融理论研究缺乏明晰统一的价值判断

阿玛蒂亚·森（1981）认为经济学天然就有两个根源：伦理学和

工程学。工程学关注经济理论的内涵逻辑问题，而不关心人类的最终目的。在工程学中，人类的目标被直接假定，人类的动机总是被看作是简单的和易于描述的。这两个根源本应在经济学研究中得到适当的平衡。经济学的存在本身可能就是极为重要的伦理学问题。不可否认的是非常抽象的模型也可以有实际用途———一个非常明显的事实，但更多、更明确地关注影响人类行为的伦理学思考会使得经济学研究变得更有说服力。但随着现代经济学的发展，伦理学方法的重要性已经被严重淡化了，标准化的实证经济学方法论不仅回避了规范分析，而且还忽视了人类复杂多样的伦理考虑，而这些伦理考虑是能够影响人类实际行为的。根据研究人类行为的经济学家们的观点，这些复杂的伦理考虑本身就是基本的事实存在，而不是什么规范判断问题。

在经济学范式中，价值层面则是信仰和技术层面不可或缺的中间传导链接，信仰决定了共同体成员拥有大致相同的价值判断。就目前文献来看，对普惠金融概念的认识主要倡导和体现了一种金融发展的理念。不容否认，普惠金融所主张和推崇的相关目标、特征与框架已经相对完善，但客观地讲，这些带有价值判断的理念本身仍呈现出某种片段化与孤立性。

普惠金融的理念倡导要将一切社会成员纳入金融体系，尤其是正规金融体系中，并以合理的价格获得合宜的金融产品或服务。但是完全自利的理性假设不能放松，到底有多少比例的正规金融机构愿意在降低预期利润率和股价的前提下为低收入人群提供金融服务势必让人存疑。如果说通过风险控制手段，尤其是担保模式的变革，开展普惠金融业务的商业利润率未必有下降，但其他利润率较低的普惠金融业务谁来运作？例如，普惠金融的理念并没有促进当今金融发展模式的规范性实现跃迁，那么金融机构追求最大私利的内在理性约束自然就会回避乃至逃避普惠金融理念所倡导的相关目标，他们在普惠金融业务活动开展过程中做做表面文章和敷衍了事也就难免不会出现：故意保持较高的金融体系准入门槛，或仅选择性开展少数量的业务。如果考虑让政府或其他非营利性组织来介入，那缺少专业背景与专家指导的普惠金融实践活动到底能够持续多久？

因此，普惠金融理论研究与实践活动绝对不能绕开对金融市场参与主体仅仅追逐自利的完全理性进行改造，否则普惠金融只能成为一种空洞的理论倡导而难以对金融市场的运作产生实质性影响。很显然，普惠金融的理论与实践发展尚未涉及相关层面。

综上所述，就目前而言，普惠金融研究与实践活动只能对当前主流的金融制度和体系的运行产生非常有限的影响。例如，技术和方法的重要性的确不能忽视，但仅从技术和方法层面，而不是强调在价值理性层面的调整，并不能改变金融机构特别是正规金融机构对缺少抵押品的社会低收入人群和小微企业产生选择性歧视。另外，社会低收入人群和小微企业本身具有的风险结构和现金流特征并不是微观和中观层面所能完全消解的，这需要整个金融体系乃至经济体系的一种重构才能比较好的应对。从这一点来讲，现有主流的金融理论与风险控制理论会因为基本假设的根本性差异而丧失一切指导意义，与此对应的理论研究仍存在重大欠缺。明晰与强化普惠金融理论研究的价值判断，是普惠金融研究者团体无法回避的基本功课。

三、技术层面：普惠金融尚未建立起核心理论模型

从系统论的角度看，所谓范式是一个有层次结构的系统，包括观念范式、方法规则和基础假设三个层面。在这其中，观念范式是核心，方法规则和基础假设则居于"外围"。与之相应，经济学范式结构也可分为不同的层次。核心层次由经济学观念的基本判断构成，反映特定历史时期的经济学知识体系的价值观念（马涛，2014）。经济学说或流派之所以被广泛认知与应用，就是因为其自身具备了完整的基本前提假设、概念体系和理论方法，而且这一整套体系要与其他所被广泛认知和使用的理论体系，即现有范式明显地区别开来。另外，这一整套理论体系能够非常出色，至少是能比较好的解释大多数的经济现象和问题，否则自说自话式的吹嘘，并不会引起足够多的经济学者认同以及使用新的理论

体系（田国强，2005）。对于经济科学来讲，成功或者说成熟的范式最起码具有两个基本的特征：（1）有一套独特的基本前提假设、概念体系和理论方法，对所涉及的相关问题有足够的解释力。这些是经济科学区别于其他社会科学的根本特征，也是某种经济学说或流派从青涩转向成熟的标志。（2）有足够的容量，能持久的吸引相当一批理论家在其基础上进行研究。

因此，如果缺乏相关的理论化建造，则普惠金融仅仅就是一种空泛的理念与口号而已。只有当普惠金融具备了核心经济理论模型，才能够很好的描述普惠金融实践主体的资源禀赋和环境约束，也才能对相关主体的理性选择进行预判。以此核心经济理论为基础平台，进而可以讨论不同的政府与行业制度背景约束对相关主体的行为选择究竟产生何种影响。在这一系列的理论研讨过程中，并最终形成许多学者所共同承认并运用的概念、假设、理论与工具的总和，即形成一种新的金融学研究范式。因为范式的技术层面决定了共同体成员采用何种理论工具开展经济学研究，但普惠金融的相关研究尚未建立起核心的理论模型，而此项内容的缺失则直接导致普惠金融理论尚未进入开展常规科学理论研究的层面，构建完善的理论体系也就无从谈起，具体表现有两点：（1）外在制度与环境约束、行为人的目标函数及行为人的资源禀赋约束可以称得上是三大基本要素，但目前普惠金融理论研究者并未对这三大基本要素加以清晰的界定；（2）普惠金融研究尚未对某些基本假定，如完全理性、信息对称等加以清晰界定。由此导致普惠金融的相关研究尚未建立起核心理论体系，也就无法界定哪些类问题是普惠金融能够加以研究的"科学问题"。因此，仅从技术层面讲，目前普惠金融确实没有蜕变成为一种可以与当前金融学研究的主流范式——新古典范式并驾齐驱的新理论范式。

第四节　小　　结

由于在某些根本性和关键性问题上存在缺失，普惠金融没有发展成为能够与新古典范式并驾齐驱的金融学研究范式，具体原因有三：一是信仰层面：缺失目标使得普惠金融尚未形成科学共同体。普惠金融理念缺乏更为宏大的顶层设计，由于无法实现与人类社会发展终极目标的紧密对接，也就丧失了清晰的发展路径设计，而类似发展目标的缺失也就难以形成秉持类似信念的科学共同体。二是价值层面：普惠金融理论研究缺乏明晰统一的价值判断。普惠金融主张和推崇的相关目标、特征与框架虽然相对完善，但这些带有价值判断的理念本身仍呈现出某种片段化与孤立性。三是技术层面，普惠金融并未构建起核心理论模型。

因此，为促进普惠金融相关研究迅速成熟为标准意义上的金融学研究范式，本书后面第三章至第五章分别借信仰、价值和技术三大视野对普惠金融范式的构建进行引导和规范。

第三章

金融民主框架下的普惠金融
——基于信仰视野

在第二章中，通过"范式"视角审视普惠金融理论与实践的发展时，我们认为当前还没有形成所谓的普惠金融研究范式，很重要的一个问题就是普惠金融研究者尚未形成科学共同体。范式作为精神定向工具一方面使得某类科学研究群体逐渐由于秉承相同信仰而逐渐凝聚，并最终形成科学共同体而成为共同信仰的载体，可以说信仰是造就范式的先导。当前主要关注于金融公平与脱贫的普惠金融，其理念缺乏更为宏大的顶层设计，尚未实现与人类社会发展终极目标的紧密对接，远未谋划更为清晰的发展路径，而类似发展目标和路径的缺失本身就难以获得科学研究工作者在理智和情感上更多的认同，更谈不上形成坚定的信仰，而信仰的缺失则反过来大大迟滞甚至阻碍了科学共同体的形成。

金融民主提倡通过系统化的金融解决方案，提升和改进金融在现代社会中所发挥的资源配置与风险化解作用以促进人类实现最终的平等和自由的发展。可以这样说，金融民主相关概念恰恰为普惠金融提供了恢弘的发展背景与期望，本章就尝试从金融民主框架下来探讨普惠金融的发展目标与发展路径，以期有助于普惠金融研究中所谓信仰层面的形成。

金融民主领域学术研究的主要推动者是2013年诺贝尔经济学奖得主——席勒（R. Shiller）。席勒出版了一系列著作来阐述和提炼金融民主的内涵及演进趋势，但他却一直没有对金融民主作出一个清晰的概念界定。其他学者虽然给出了某些定义，但这些定义却缩略了金融民主的概念外延，与席勒著作中的相关论述存在一定程度的游移。此外，金融民主属于经济民主的范畴，从范式方法论的角度来讲，金融民主的内涵和外延一定要与经济民主乃至民主的概念模式保持顺承关联。因此，要想准确地把握金融民主的核心本质，不仅要汲取金融民主研究领域的现有成果，而且也有必要将金融民主纳入民主概念的模块之下统筹研究。

首先我们先来了解一下金融民主概念内涵。

第一节 当代金融民主的概念

金融民主（Financial Democracy）概念最早由伊顿（Eaton，1941）提出，他认为在美国这个民主社会当中，金融市场的实际运转情况则绝非民主：信贷供给市场的竞争程度要远远小于普通产品市场；大公司的证券承销业务只能由少数特定的银行家来进行操作，其他金融机构则很难以涉足。由此他倡导在美国联邦政府应该制定一系列的措施促进金融市场更加民主以保障自由企业制度。然而令人惊奇的是在之后的六十多年里，金融民主概念却再也未有人提及，直到席勒重新扛起这面旗帜。席勒在写作完成《金融新秩序：管理 21 世纪的风险》这部著作之后开始整理自己的学术思路，并在 2003 年开始大张旗鼓地宣扬金融民主的概念，在 2008 年出版的《终结次贷危机》这本书中进行了更深层的探讨。但作为一种相对成熟而严密的学术体系，金融民主理念则在他 2012 年出版的《金融与好的社会》里才得以完全体现。当然，金融民主理论尚处于学术探究和累积阶段，并未形成完全意义上的经济学或金融学研究分支或领域，比如席勒本人现在也尚未创立一个与金融民主理论相关的"标准"模型来更为深刻阐释各行为主体之间的内在利益关联，还只是停留在历史归纳、核心概念的梳理和具体政策设计的层面。

对于金融民主的概念，席勒（2008）认为金融民主的内涵已经在所谓的微观金融革命中做出了较为明确的暗示：2006年诺贝尔和平奖授予了尤努斯和他的孟加拉乡村银行，为他们正在发展中的创新活动注入了新的动力。微观金融革命由一系列新机制组成，它们放贷给那些最小的经济体，通常还是在世界上最不发达的地区。他自己所提及的推进金融民主的措施则主要针对最发达的国家，即通过为全体民众建设新的金融基础体系，并且通过采用最先进的技术来进一步推进市场的发展，也就是通过充分的金融创新活动让市场可以完全覆盖到那些与个人有着根本性关系的具体风险上。席勒（2012）指出理想社会应该是一个人人平等的社会，人们相互欣赏、相互尊重。金融的存在是为了帮助实现其他目标，即社会目标，从这个意义上讲，它是一门功能性的科学。如果能够扩展、纠正和规范金融的发展，金融就可以使得人类有能力达成平等社会的终极目标，也就是为工业化国家和发展中国家都带来同样的繁荣和自由。而不断推进金融民主将是这个过程中最重要的内容之一。在中美洲发展银行2005年一份专题分析报告中提及了中美洲地区推进金融民主使得数以亿计的普通劳动者得以融入金融体系并获得了所需要的金融服务。姜旭朝和邓蕊（2005）指出金融民主应该意味着协调弱势金融主体和强势金融主体之间巨大的利益差额和风险比例。

金融民主的外在表现形式就是金融民主化，我们可以透过金融民主化的形式来内观金融民主概念的内核。吴敬琏（2003）提出应推进金融民主化，以此来降低和削弱中国改革过程中由弱势集团所承担的风险和成本，改变现有的利益格局；高广春（2009）认为次贷是推进金融民主化的一种有益尝试，作为一种金融创新，次贷使得更大多数的民众，其中包括相当一部分穷人或弱者有机会参与到金融体系之中，共同分享金融产业所取得的成就，以增进个人的福利水平；席勒（2012）指出要对金融进行进一步民主化改造，意味着创造更多为民众所开发的金融方案，比如提供金融建议、法律建议及金融教育，同时还要运用一些为全民化方案服务的技术，以保证所有人都能更明智地参与金融系统；同时应该鼓励进一步放开金融创新的步伐。通过这种方式，我们不仅可以缓解金融危机的冲击，也可以使金融业更加民主化；洪利和梁礼广（2012）认为金融民主化的实质是要在经济不确定环境下构建一个惠及每一个经济个体的风险管理机制，最终目的是要解决经济不平等问题，其实现途径是金融工具的创新和金融资源的民主化分配。金融民主化更注重金融和财政资源在社会收入分配、信贷、社会保险及保障资本市场等领域的均衡配置。廖理（2013）认为金融民主化的实质应该是让一般老百姓也能够参与到金融体系之中。这种金融的民主化通过例如，众筹、P2P 等互联网手段来实现。新金融形态的诞生冲击了传统金融概念，让金融的参与人数、参与方式都出现了新的可能。陈文和经邦（2013）指出金融民主化是保证中国经济朝着健康有序方向转型的必要条件之一，金融民主化至少应该具备以下三层含义：一是资金需求方不因非经济因素受到金融中介或资金供方的歧视，即企业或个人的融资获取更加市场化；二是资金供给方有多种投资渠道，能够被允许追逐更高的回报，在信息披露充分的前提下其投资风险应该自担；三是放宽对民间资本成立金融机构的严格限制，只要有资金，有技术，人人都有机会成立金融机构，草根金融机构应该被允许甚至被鼓励发展。就推进"金融民主化"的动力看，自上而下的制度变革和自下而上的"草根革命"缺一不可。

学者们对金融民主化含义的阐述各有侧重，因为金融民主的外在表现形式就是金融民主化，将金融民主化定义为"推动和实践金融民主的一系列步骤和过程"则较为合理。这里基于席勒（2003；2008）和科恩（1988）的观点对金融民主化的运作规程加以明确，具体如下：

一、金融民主化的前提

（一）物质条件

改进金融信息基础设施，以便让尽可能多的人受益于更加完善的金融活动、金融产品及金融服务。这意味着我们应该向更大范围的消费者提供更丰富的财经资讯、更有效的财务建议，将他们更好地置于社会体制的保护之下，同时，还应该采用一套更为先进的经济度量单位体系。这些措施将构建起必要的基础，使所有投资者在做财务决策的时候能够基于最充分的资讯而不是仅凭经验。完善的财经资讯及更好的决策手段，能够让投资者自己有能力监控泡沫的影响范围。

（二）法制条件

为金融民主化的推进构建具有前瞻性和建设性的法律法规框架，从而为其创造良好的法律环境支撑。这些法律法规将会有力扫清金融民主化过程中可能遇到的困难与阻碍，从而帮助金融机构及个人更加便利的达成金融民主的实现。

（三）心理和文化条件

在金融体系内部培养并监管不同的从业者——首席执行官、交易员、会计、投资银行家、律师和慈善家，通过倡导他们心存良善的从业行为，进而影响整个金融业的文化。

（四）智力条件

加强技术层面的研究和利用。这些技术包括：信息技术、金融数学、现代金融理论、人类学、行为经济学和行为金融学；同时我们需要更深刻地理解金融行业所固有的风险，而且可以掌握更快速分散这些风险的诀窍。

二、金融民主化的核心内容

（一）扩展金融市场的范围，将更广泛的经济风险纳入其中

这样的一个动议所涵盖的内容是马上大规模地扩大市场规模，这不

仅只是为了解决局部市场的风险，同时也是为了解决其他关键性的经济风险。有了这些更加广泛的市场，加上一个更加可靠的信息基础架构，就可以为各种各样抑制泡沫增长的措施提供基础性的金融保障。

（二）开发零售金融工具，开展金融创新等完善整个社会的风险控制机制

（1）生计保险。针对个人和家庭的生计保险，应该能够覆盖人们生计中所有主要的风险。生计保险是一种基本的风险管理工具，作为保险，它应该属于私人部门，而不是政府部门。但是，政府可以在生计保险的监管、基础制度建设和推动方面发挥重要的作用。生计保险单将区别于现有的各种保险单，保单持有者只需提供经济价值下降的证据，而无须证明贬值的原因属于事先双方同意的若干原因中的哪一种。个人的收入能力在几年或几十年内逐渐减弱的风险，从来没有得到过保险。生计保险将覆盖这样的风险，从而稳定一些几乎所有人都持有的重要资产的价值。

（2）关于宏观市场，这是一个庞大的与国民收入、职业收入和房地产市场一类的低流动资产相关的国际长期市场。建立一个以国家总体经济为交易对象的证券市场，该市场上的证券将在每个季度支付相当于当季此国家 GDP 的特定比例，如万亿分之一，作为每股的股利。每一股的股东将可以在每个季度收到数量不定的股利，发行这些证券的政府或私人机构则根据合同支付股利。宏观市场的创造，将使得以前从来没有发生过的大型风险的交易成为可能。在宏观市场中，与国家挂钩的证券将允许全球的投资者直接投资于此国家的经济，他们将可以比现在更广泛地分散他们的投资组合，将整个国家的经济而不仅仅是此国家的股票市场包括在他们的投资组合中。此外，那些代表了此国经济利益的人，可以通过向外国投资者发行这种国家证券，并利用宏观市场降低此国国民分担的经济风险。

（3）收入相关贷款。现代金融工具和技术能够为新型贷款的实现提供条件，银行等贷款人将发放长期贷款，其偿还条件或者与总收入相关，或者与特定的个人或企业的收入相关，或者与二者都相关。借款人随后的收入越高，需要付的利息和本金就越高。这些贷款将实现风险管理的功能，因为贷款的偿还会自动抵消借款人收入波动的影响。如果贷款是长期的，持续许多年，这种风险管理的功能就显得更重要，可以极大程度地减轻个人破产的问题。

（4）不平等保险，不平等保险其本质更应该视为一种风险管理的工具，并且它不会夺走任何人一分钱。不平等保险并不是罗宾汉式劫富济贫的计谋，和其他风险管理工具一样，它只是保护我们所有人免受未来风险可能带来的损失。在不平等保险体系下，税务局每年有责任计算出需要的税收水平以使实际的税后洛伦兹曲线与制定的相一致，从而固定基尼系数。政府每年都应自动公布税率表，人们按其缴税，就像我们今天做的一样。唯一的区别在于明确哪些是政府立法的内容，哪些应该进行公众讨论，以及如果政府不想经常性改变法案的话，哪些内容应该固定下来。不平等保险将改变税收体系的心理和制度框架，及其制定的基础。通过重建所得税的累进结构，从长期来看，与其说是调整了随意的纳税等级，不如说是调整了不平等的纳税状况。

（5）跨代社会保障，这是试图重组社会保障制度，使其能够完全彻底地在不同代际间分担风险，以成为真正的社会保险体系。目前的社保体系并不具备这种灵活性。退休后的固定给付如果它们确实像承诺的那样不变，意味着退休的人不承担经济风险；所有风险都转移给年轻人。使每一代人将退休后的生活依赖于他们自己的投资成功，这并不能称作风险管理。金融的核心是通过在很多人之间分散风险从而降低风险，而不是单纯地使投资组合多样化。对于社会保障，我们必须重新设计一种社会保障体系，以有效地在不同代际之间分担风险，通过风险共担保护年轻人和老年人，而不是只保护老年人。社会虽然不能提供一个美好家庭内部的关爱，但是它可以分担大部分风险，甚至可以更广泛地进行任何家庭都不能完成的风险分担。

（6）关于国家经济风险控制的国际协议。这种各国政府之间所签订的史无前例的协议与私人金融协定很相似，只不过是在空间和范围上大大超过了后者。不同国家之间可以代表其公民签订长期合同。这些风险分担合同旨在让各国共同分担所有风险的后果。这些风险可以由影响经济的指标来衡量，如人均 GDP 或是其他类似的指标。这个合同将制定出一套制度，以使那些人均 GDP 增长超出预期的国家，能够帮助那些人均 GDP 增长缓慢于预期的国家。这个合同也可以对任何国家付出的 GDP 部分加以限制，从而能够在更理想的环境中执行。国际风险分担协议包含几项重要的元素。第一，代表国际风险控制协议的合同，必须详尽说明经济的预期增长，这建立在签订合同当时可得信息的基础上，这样我们就能知道那些实际增长是否是一个意外。第二，合同必须规定那些实际增长率比预期高的国家，向实际增长率比预期低的国家付款的时间表。第三，合同必须根据每个国家的风险大小、人均 GDP 以及人口的对比情况，对不同国家在合同中所占的权重加以规定。金融经济学中的原理，可以用来制定合同的条款。

综上所述，金融民主是一种系统化的先进理念。金融民主并不是线条化或平面化的理论片段，金融民主概念外延应该包含实施的前提条件、实践手段和效果测算，是一种立体化和系统化的理念。例如，实施金融民主需要具备物质条件、法制条件、心理条件和智力条件这四方面的前提条件；实践手段包括金融知识的普及教育、制度创新、法律创新和金融工具的创新等；效果测算则要在金融市场的参与深度、广度和参与的有效程度等几个方面来加以考量。

第二节　"民主概念坐标系"中的金融民主

民主这个概念蕴含着极为丰富的内容。各类繁多的民主理论分别从内涵以及外延这两个维度对民主概念进行了持续的拓展，可以说各类民主理论对民主概念的探讨形成了一个标准的"民主概念坐标系"，金融民主所探讨的内容或问题从根本上来讲是不可能脱离这个坐标系的。因此，要想真正理解金融民主的概念，我们就有必要对民主概念进行深入的探讨与梳理。将金融民主的概念放在民主概念的坐标系中，这样我们就可以更加立体的理解金融民主概念提出的背景及根本导向甚至是金融民主概念与相关理论存在的缺陷与不足。

一、民主概念坐标系

民主，其英文"Democracy"，源于希腊文"Demos"和"Kratein"。"Demos"意为人民，而"Kratein"意为统治，因此在西方，民主一词最基本的含义代表着由人民统治。希腊历史学家希罗多德（Herodotus）首次使用这一概念，是用来概括和表述希腊城邦这样一种政治实践：即城邦事务是由公民所参加的公民大会，通过直接讨论和投票表决的方式来做出最终决定的，这种方式既不同于某一君主的独裁统治，也不同于少数贵族的寡头统治。另外雅典著名政治家伯里克利也曾提到，雅典的政治制度所以被称为民主制度，是因为政权在多数公民手中，而不是在少数人手中。因此民主从一开始就是一个政治概念，或具体来讲，民主乃是一种政治制度。

（一）经典民主理论

洛克、卢梭为代表的西方启蒙学者，基本上沿袭了古希腊的民主观念，将民主看作是人民大众的权力。通过社会契约论，他们论证了国家权力是来自人民、属于人民的，尤其是卢梭（1762）提出著名的人民主权的原则，认为民主就是人民主权，就是人民大众享有国家权力。这就是通常所说的经典民主理论，或共和主义民主理论，其根本思想就是主张人民大众的权力。经典民主论认为民主即是目的又是手段。在天赋人权、自由和平等理念的指导下，追求由人民来行使国家主权，这体现了经典民主论的民主概念具有某种目的性；同时在遵守少数服从多数的原则下采用不经过任何媒介或代表的直接民主制度来展示人民主体的公意，这又体现了经典民主论也不否认民主作为手段的工具性价值。

具体来说，经典民主理论可用熊彼特所下的定义来说明："民主方法是这样一种达到政治决定的制度安排，这种制度安排使人民通过选举将集合起来表达他们的意志的人，自己来决定争论的问题，从而实现公意。"这一定义至少可分解为下列三个基本命题：第一，人民能够理性地行为，并具有某些必不可少的美德和才智。第二，存在着某种"公益"之类的终极价值，从而也相应地存在着人民的共同意志。第三，能够找到一套可借以实现这些价值的具体程序或制度，如代议制度等。在启蒙学者们看来，这些命题是不证自明的。

（二）代议制民主理论

代议制民主理论相对较为驳杂，这里仅以代议制民主理论的集大成者熊彼特的理论作为代表。熊彼特（1949）认为："民主方法是为达到政治决定的一种制度上的安排，在这种安排中，某些人通过竞取人民选票而得到作出决定的权力。"民主只是一套制度性的程序，一种选择政治领导人的政治方法。民主原则仅仅意味着，政府的权力应交给那些获得了更多选票的人。选择统治者，是民主方法唯一的和充足的目的。同时，民主也是政治家竞取领导权的过程。在代议制民主制度下，政治家制定法律、管理国家事务，也不是出于高尚的信念，而是为了维护和改善自己的政治地位，但政治市场的自由竞争会同样巧妙地把对私利的追求转化为实现社会目的和公众要求的手段。

自 20 世纪 70 年代以来，虽然对代议制民主理论持批判态度的学者日渐增多，对代议制民主理论产生了一定程度的冲击，但始终未能动摇其根基。究其原因，最根本的就在于这些学者借以批判代议制民主理论的武器，只是持之无据、虚幻不真的价值图式和理想目标。缺乏经验事实的有力验证，他们批判往往是情感多于理性，规范多于描述，价值多于事实。但是这些批评者中对于强调社会成员更加积极地"参与"到民主活动实践当中的理念加速了之后的参与民主与协商民主理论的出现。

（三）社会民主论

从古希腊的民主理论，到 17 ~ 18 世纪以洛克、卢梭为代表的民主理论，民主这个概念一直局限在政治范畴之内。20 世纪以来的现代西方民主理论的演化趋势之一，便是从政治民主论演化为社会民主论。社会民主论主张将民主扩大至一切社会领域，从整个社会的所有方面去实现民主的目标。在社会民主方面，他们强调保障每个人的社会权利，除了政治权利外，还应当有生存、工作、休息的基本权利，也包括住房、医疗保险、受教育的权利。这些权利对社会民主来说是基本的、至关重要的。民主社会主义还主张将民主原则扩大到国际范围，提出了国际民主。他们认为国家间的关系、民族间的关系应遵循民主平等的原则，从而建立一个和平的国际新秩序，通过国际对话和平地解决国际问题。为了实现国际范围的民主，他们反对将民主视为经济发达国家的特权，而主张在一切国家和国家间的关系中实现民主。

（四）参与式民主论

参与式民主理论认为参与式民主能够促进人类的发展。真正的民主应当是所有公民的直接、充分参与公共事务决策的民主，从政策议程的设定到政策执行，都应该有公民参与。对政治的直接参与，能够强化人们的政治责任感，弱化人们对权力中心的疏远感，培养人们对集体公共问题的关注，这有助于形成积极的、对政治事务有更敏锐兴趣的公民。佩特曼（1970）认为公民只有不断直接地参与社会和国家的管理，包括政治、社会和经济领域的参与和管理，个人的自由和发展才能充分实现。只有在大众普遍参与的氛围中，才有可能实践民主所欲实现的基本价值如负责、妥协、个体的自由发展和人类平等。参与型民主理论提出以后，引发了西方学术界广泛和深刻的关注，特别是参与型民主理论在一定程度上冲破了西方主流民主理论中长期存在的个人主义与公共性之间的困境。参与型民主理论认为个人主义的方法论和世界观无法解决社会中的不平等，无法建立个人与国家或共同体之间的有机联系，因此，只有扩大并实现参与，才能够弥补当代民主理论的缺陷。

（五）协商民主论

协商民主是一种决策机制，即所有受到政策影响的公民或他们的代表，均应该能够参与集体决策，而集体决策是秉持理性和公正态度，通过讨论和协商的方式达成。在政治形态中，协商民主是公民通过广泛的公共讨论，在各种政治决策的场合，各种意见得到互相交流，使各方了解彼此的观点和主张，在追求公共利益的前提下，达成各方均可以接受的决策方案。协商民主强调公民是政治决策的最重要主体，公民的政治参与并不局限于间接民主下的投票、请愿或社会运动，而应当在充分掌握信息、机会平等和程序公正的前提下积极参与公共事务，对公共政策进行讨论，提出合理的政策方案或意见。

基于以上几种民主理论的概述，我们可以对民主概念内涵与外延的变化加以总结。下面我们用图3-1来进一步具体说明。

图3-1　民主概念坐标系

如图3-1所示，民主概念较为明显的沿着两个维度进行演变，一个维度是民主外延扩展程度，民主概念的外延不断扩大，从单一的政治概念扩展至复合民主，而复合民主则不仅涵盖政治民主，更是包含了经济民主、社会民主和工业民主等多层面多领域；另一个维度则是民主深化程度，当代民主概念所指代的普通民众在民主过程中的参与程度不断加深，从仅具有选举权的代议制民主发展到拥有更多话语权的参与民主以及追求广泛和深入探讨的协商民主。民主外延扩展程度和民主深化程度这两个维度很好的构建了民主概念演化的坐标系。在民主概念坐标系

中，我们可以将几种主要的民主理论所刻画的民主概念加以定位。代议
制民主、参与民主、协商民主和经典民主几种民主理论所诠释的主要还
是体现在政治民主范畴，因此在坐标系中都处于靠左的一边，而这种民
主理论展现的民主参与程度由低到高分别为代议制民主、参与民主、协
商民主和经典民主。如果要对这几种民主类型进一步加以区分的话，那
就是代议制民主属于一种事后纠正型的民主，因为代议制民主体制下选
民对当权者的约束只能是等到下一期选举时改投其他竞选人，却无法改
变当期的政治格局。而参与民主、协商民主和经典民主因为注重在决策
过程中体现较为深入的参与，所以可以对政治决策的最终结果加以干预
和影响。因此，这几种民主理论所诠释的民主概念在坐标系中的位置就
如图3－1所示那样加以排列。

二、民主概念坐标系中的金融民主（见图3－2）

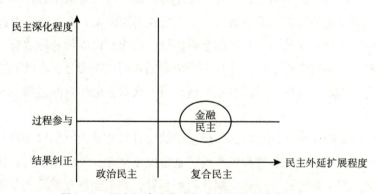

图3－2　民主概念演化坐标中金融民主的坐标界定

（一）金融民主在民主概念演化坐标系中的横坐标

从图3－2可以看到，民主概念演化完全可以通过民主外延的变化
以及民主化程度两个维度来加以衡量。根据之前的民主理论的演变可
知，民主概念的外延最早仅局限于政治范畴，即民主概念应该属于政治
名词，到后来，民主概念的外延开始不断扩大，并过渡到了复合民主范

畴，而复合民主则包含社会民主、工业民主和经济民主，乃至社会的一切领域。金融民主理应属于经济民主的范畴，所以金融民主也理当涵盖于复合民主的范畴。

（二）金融民主在民主概念演化坐标系中的纵坐标

民主概念演化从民主深化程度这个维度来衡量可以分为过程参与和结果纠正。要讨论金融民主在民主深化程度此维度的具体坐标并不太容易。原因是不同的金融民主案例所体现的民主深化程度也可能存在差异。在某些案例中，金融民主主要体现为促进普通民众平等获得金融服务而融入金融体系，即有更多的民主能够参与到金融体系中。而这些民众虽然被纳入金融体系当中，但他们本身并不具备除去交易选择权之外更多的经济权力来改变其所面对的金融环境。因此，结果纠正往往就成为他们所唯一能做的调整，即当他们面对金融服务提供厂商时，如果他们对所选择的厂商不满意，在合约终止时，他们就会有激励选择其他的厂商乃至停止接受类似的金融服务。与之相对照的是，在某些金融民主案例中，普通民众被给予合宜的金融建议、法律建议以及金融教育，使其更明智地参与金融系统，并且由于金融创新而获得安全、高效的金融风险管理机制，这些金融民主化措施使得民众对金融体系的过程参与程度不断增加。

因此金融民主在民主概念坐标系中的位置只能是大体加以确定，从横坐标——民主外延扩展程度来看，金融民主毫无异议的位于复合民主的范畴；但从纵坐标——民主深化程度来看，并不能将金融民主草率的放在过程参与或者是结果纠正范畴，因为金融民主化进程并不排斥两者中的任何一项。

第三节　扩张式金融民主和深化式金融民主

结合上面的分析，如果从民主深化程度这个维度来对金融民主加以划分的话，金融民主大体可以划分为扩张式金融民主和深化式金融民主。若某国或地区内普通民众由于平等获得金融服务而融入金融体系，即参与金融体系广度的增加而体现为扩张式金融民主。但是，对于被新纳入金融体系的民众来讲，他们往往不能通过密切的参与来影响与他们有关的，通常是微观层面金融系统规则和流程的制定和运作，而只能是在接受某项金融服务之后根据成本收益原则选择是否转换其他的金融服务提供商或干脆退出。与此同时，若某国或地区已经被纳入金融体系内部的普通民众由于获得更加全面和高质量的金融建议、法律建议以及金融教育，从而变得可以更明智地参与到金融工具或金融服务的设计流程中，乃至参与到某些与他们密切相关的微观和部分中观金融系统规则和流程的制定与运作。普通民众将通过这些金融创新而获得更加安全、高效的全方位金融服务，即其参与金融体系深度的增加而体现为深化式金融民主。高效、贴合的过程参与成为深化式金融民主的特定标签。

一般来说，如果某个国家或地区相当比例的民众和小微企业都不能通过正规金融，甚至是民间金融渠道获得合宜的金融服务，则这个国家或地区的金融资源垄断性较高。此类金融市场也就应该主要着重于发展扩张式金融民主，即其主要目标应该是促进更多的社会民众和小微企业融入金融体系之内从而获得合宜的金融服务；如果某个国家或地区绝大多数民众可以相对便利的从金融体系获得金融服务，但由于普通民众所掌握金融知识的匮乏，更加稳健和理性的法律法规环境的欠缺等造成民众参与金融体系的深度不够，则这个国家或地区就应该发展深化式金融民主，即其主要目标应该强调创造良好的金融环境让民众更加便利和理性地融入金融体系的运转乃至改造进程中去。

当然，金融民主类型不一定与此国家是否属于发达国家绝对匹配。比如一个国家属于发达国家，但这个国家推进的金融民主不一定属于深化式金融民主。这个国家同样可能会产生某种金融创新并导致更多的民众获得了某种金融服务，这种情况仍然属于扩张式金融民主。某发展中国家采用了新的通信技术导致已经原来就进入金融体系的某些投资者更加深入和便利的参与到金融活动中，这就属于深化式金融民主。

那扩张式金融民主和深化式金融民主到底是什么样的关系呢？首先，深化式金融民主是扩张式金融民主的进一步发展的必然出路和选择。这是因为深化式金融民主在民主化程度维度体现了参与民主理念，而参与民主必然是建立在民众参与程度已经较高但参与深度并不理想的前提之下。其次，现有的金融民主学说并未给出两类金融民主是否存在某种承接关系，但参与民主理论却可以给我们一个有效的"启示"：扩张式金融民主在一定程度上可以促进公民获得金融服务机会的平等，但在坚持参与广度的同时也强调参与深度的深化式金融民主却能够更加有力的帮助整个社会实现更高层次的经济平等，因为后者可以帮助民众同时获得参与金融产品，乃至微观和部分中观流程设计机会的平等。可以说，扩张式金融民主是深化式金融民主的基础，而深化式金融民主则是扩张式金融民主的升级版。在具备某些前提或条件的情况下，扩张式金融民主就有可能过渡到深化式金融民主。

有关扩张式金融民主与深化式金融民主在民主概念坐标系中的位置以及两者之间的关系参见图 3-3。

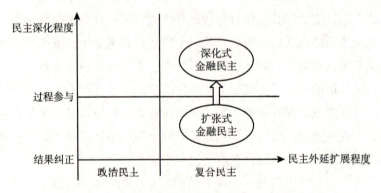

图 3-3　金融民主的划分：扩张式与深化式金融民主

如上所述，金融民主清晰的隶属于经济民主范畴，提倡和发展金融民主的核心目标不能游移于经济民主的提升和改进这个总目标，而偏重于政治意蕴。如果偏重于政治层面，反而会淡化甚至是造成金融民主概念和具体操作的扭曲。因此，笔者认为应严格将金融民主的概念寓意置于经济民主范畴之内，避免其概念过于游移化。

另外，金融民主的推进应尽量避免宽泛化，也需要实事求是，量力而行。例如，深化式金融民主仅仅较为适合具体金融工具和金融服务的设计层面，以及微观和部分中观层面的金融制度和规则的制定，因为普通民众作为金融体系与金融机构的服务对象，他们对相关金融交易的感受最直接和直观，将他们的话语权纳入相关流程设计中将会非常有助于提升设计效率和效果。而由于普通民主毕竟缺乏专业化的金融理论素养以及充足的专注力，并不适合深入参与顶层及大部分中观层面金融制度和规则制定过程。

金融民主理论尚处于发展和逐渐成熟阶段，金融民主的概念与内核亟待加以清晰的界定。作为经济民主的一个派生概念，厘清金融民主与民主概念体系的关联性乃是完成相关研究的关键所在。通过深化程度和外延扩展程度两个维度的划分而形成的民主概念坐标系的构建，不仅金融民主的外延与内涵被准确标定，金融民主还可进一步划分为扩张式金融民主和深化式金融民主两种基本类型。两类金融民主的划分不仅在理论层面丰富了金融民主学说，而且也将在实践层面对金融民主的发展产生重要的推动。而与此同时，我们也应严格将金融民主的概念寓意置于经济民主范畴之内，避免其概念过于游移化和宽泛化。

第四节　当前普惠金融的基本理念属于扩张式金融民主

普惠金融高举扶贫的旗帜，致力于为整个社会尤其是低收入群体提供一种覆盖性且多样化的金融产品和服务，能够为那些难以从正规金融机构获得金融服务而又具有可偿付能力的群体提供信贷支持，体现了和谐金融的理念。

　　扩张式金融民主主要表现为推动某国或地区内普通民众通过平等获得金融服务而融入金融体系。对于被新纳入金融体系的民众来讲，结果纠正是他们在实现扩张式金融民主后所享受的民主深化程度。他们往往不同通过密切的参与来影响金融系统规则和流程的运作，他们所能做的只能是在接受某项金融服务之后根据成本收益原则选择是否转换其他的金融服务提供商或干脆退出。扩张式金融民主所对应的金融市场环境为存在某种程度的金融资源垄断，即金融市场上有相当比例的民众和小微企业因为缺乏抵押品或信息不对称程度过高而导致的金融服务费用过高等原因不能通过正规金融，甚至是民间金融渠道获得合宜的金融服务而被排除在金融体系之外。而扩张式金融民主不一定可以保证社会平等水平进一步得到改善。广大民众通过推进深化式金融民主不断要求并实际获得了过程参与权，即当他们获得了平等参与金融体系变革权力之后才有可能达成真正意义上的金融平等和经济平等，并最终达成社会平等的终极目标。可以说，深化式金融民主是扩张式金融民主的进一步发展的必然出路和选择。

　　如果对普惠金融与扩张式金融民主这两个概念加以对照的话，我们会发现普惠金融主要是采取一系列的制度创新和企业机制创新让原本被金融体系排除在外的民众及小微企业获得合宜的金融产品和服务而又被重新纳入金融体系之内，在这个过程中，普通民众实现了某种程度上的平等，他们终于可以掌握了一定的选择权，而这种选择权可以让他们通过结果纠正方式来对所接受的金融产品和服务加以评判，如果对金融产品或服务不满意的话，他们拥有的选择权允许他们转换其他的金融服务提供商或干脆退出类似的金融交易，这本身属于典型的扩张式金融民主。另外，开展普惠金融所面对的最初金融市场环境也与扩张式金融民主大体一致，都是金融市场发展不完善存在某种程度的金融资源垄断。正因为存在垄断，掌握金融资源的金融企业和金融机构就可以获得高额的垄断利润。他们也就没有内在激励去开展那些低于高额利润率以下的相关业务，尤其是开展针对贫困人口、低收入人群和小微企业的金融服务，因为这些人群或企业普遍缺乏抵押品，信息不对称程度过高也会导致提供金融服务费用过高和风险难以控制。世界银行（2006）认为，普惠金融体系是指将包括低收入者在内的金融服务有机地融入微观、中观和宏观各个层面的金融体系。相对于传统金融模式来讲，普惠金融突破了零散金融服务机构的范畴，旨在建立一个完整的金融体系，从而更加有力地保障了金融体系的普遍覆盖性和扶贫目标的实现。扩张式金融民主作为金融民主的一个基本类型同样具备系统化的特点。实施扩张式金融民主甚至要扩充与构建较普惠金融更为完整和系统的多元动力机制。这种多元动力机制包含有：推进扩张式金融民主所需要具备的物质条件、法制条件、心理条件和智力条件这四方面的前提条件；实践手段包括金融知识的普及教育、制度创新、法律创新和金融工具的创新等；效果测算则要在金融市场的参与深度、广度和参与的有效程度等几个方面来加以考量。因此，扩张式金融民主的组织和发展体系架构已经超出了传统意义上的金融体系，理所应当能涵盖普惠金融体系。另外，普惠金融主要侧重于帮助欠发达地区和社会低收入人群以及小微企业同等获得金融产品和服务从而实现金融体系在国家和地区的高度覆盖性，而扩张式金融民主不仅涵盖此种模式，也关注之前就被金融体系所吸纳的社会人群和企业获得更多的金融产品和服务。这些群体和企业虽然已经获得了某些类型的金融产品和服务，但仍有某些其他类型的金融产品和服务是他们想获得却又被金融机构排除在目标客户群体之外的。就这个层面来讲，扩张式金融民主的范畴要较普惠金融更加的宽广。另外，在金融民主理论中，扩张式金融民主与深化式金融民主存在无缝隙的递进发展顺承关系，深化式金融民主为扩张式金融民主较为清晰的指明了进一步发展的理念以及实践举措，使得扩张式金融民主的发展拥有了较为宽广的回旋和发展余地，反观普惠金融虽然倡导提升民众获得平等享受金融产品和服务的权力以有助于于减少贫困，但缺少更大的宏观视野。

综上所述，我们做出以下结论：不论是从概念层次、体系构建、实践范围，还是发展目标的扩充弹性来讲，扩张式金融民主完全涵盖了当前普惠金融的基本理念诉求，而普惠金融则属于某种特殊类型的扩张式金融民主。

需要特别提示的是，当前普惠金融的理念虽然可以很好的嵌入扩张式金融民主，但这并不排除未来随着普惠金融理论与实践的发展，普惠金融的内涵范畴有可能突破扩张式金融民主而进入深化式金融民主层次。例如，普惠金融也强调在开展具体金融业务的同时推进全社会金融知识和金融理念的普惠性教育，而在普通民众掌握较多金融知识储备之后，他们参与普惠金融实践活动的能力和深度也会不断提升，从而有可能参与到各层次的金融创新之中：金融工具或金融服务的流程设计、微观及中观金融系统规则和流程的制定等。那时普惠金融内涵已经明显渗透至深化式金融民主层次。

第五节　普惠金融的发展应遵循金融民主框架

一、普惠金融与金融民主的关联性分析

自联合国在 2005 年提出普惠金融概念以来，尤其是本轮全球性金融危机爆发之后，普惠金融理念在国际上受到追捧的热潮日益高涨。在20 国集团、国际货币基金组织、世界银行和普惠金融联盟的推动下，普惠金融发展逐渐从一个金融发展的框架性理念，上升为一项为国际社会和金融业所认同的金融发展战略。综观普惠金融的理论发展和实践历程，我们可以发现普惠金融之所以区别于其他金融发展理念，主要集中表现在两个方面：一方面是普惠金融所主要倡导的扶贫目标，扶贫目标的实现有赖于普惠金融能够帮助那些原本被排除在金融体系之外的贫困人口以较为合理的价格获得所需要的金融服务；另一方面是普惠金融试图建立一个完整的金融体系整合不同类别的金融资源来保障金融服务具有广泛的可获得性，应考虑从微观、中观和宏观三个不同层次来加以构建相应的金融体系。

与之相对应的是，金融民主概念也表现出两个明显的特征：一是金

融民主的终极目标是促进和实现人类社会的平等、自由和繁荣；二是金融民主概念也强调系统化的理念。推进金融民主应具备完善的前提条件、实践手段和效果测算，是一种立体化和系统化的理念。

普惠金融特别注重扶贫目标，而扶贫目标也是金融民主的一个初步阶段性目标，从而实现促进和实现人类社会的平等、自由和繁荣的终极目标。普惠金融强调利用建立完整的金融体系整合不同类别的金融资源保障金融服务可以被广大民众以合理的价格获得，而金融民主概念也强调推进金融民主化过程乃是一个系统性任务，必须要注重理念、知识和实践的结合，注重政府和金融体系通力合作才能顺利达成。此外，金融民主可以划分为扩张式金融民主和深化式金融民主，其中扩张式金融民主的内涵又与普惠金融的基本理念极为接近。那普惠金融和金融民主这一对概念到底存在什么样的关联性呢？下面我们就来加以具体分析，如表 3－1 所示。

表 3－1　　　　　　　　普惠金融与金融民主关联对照

项目	普惠金融	金融民主
目的	以扶贫为目的，为社会群体提供金融服务，体现和谐金融理念	实现人类社会的平等、自由和繁荣
推动者	各类金融机构：非政府组织、私人商业银行、国有银行、邮政银行、非银行金融机构，以及信贷联盟等	本国乃至相关的外国政府、立法机构、各类金融机构
涉及对象	社会几乎所有阶层和群体，主要是广大的贫困和低收入群体	社会所有阶层和群体
动力机制	由下而上与由上而下结合，主要是由下而上	由下而上与由上而下结合，主要是由上而下
开展形式	小额信贷、储蓄、转账、保险等多层次的金融服务	先进理念普及、各类金融理论的研究与应用、金融知识教育、法律制度创立与修订、金融工具创新
绩效评价	主要涉及民众可获得金融服务比率上升幅度、可获得金融服务种类增加程度和相关成本变化率，以及所带来的贫困率的下降等	需要分为扩张式和深化式金融民主两种情况来进行相关绩效的设计

普惠金融和金融民主之间的关联性可以通过表 3 - 1 来加以具体阐述，表 3 - 1 各项目设计的内在逻辑为：普惠金融和金融民主都建立在一定的目标价值上；要实现此目标就需要推动力，即需要推动者；开展相关实践必然会影响到其他的社会群体，即涉及对象；普惠金融和金融民主原动力的传导路径也需要明晰，此即其动力机制；在明确参与主体与动力机制以后，开展普惠金融和金融民主的具体形式也需要重点关注，即开展形式；应该客观评价普惠金融和金融民主实施的具体效果，以此来寻找缺陷与不足为进一步的发展提供具操作性的指导意见，从而构成完整的逻辑框架。

(一) 普惠金融与金融民主的联系

普惠金融旨在建立一个更具包容性，或者说是更加完整的金融体系，即通过向那些难以从正规金融机构获得信贷支持而又具有一定收入来源和偿付能力的群体提供信贷支持，而使其也得以进入金融体系，这一点同扩张式金融民主理念基本一致。另外，从上面所分析的两者之间的区别可以看出：一方面，不论是从目标层面、推动者、涉及对象、具体开展形式，还是绩效评价层面，金融民主都可以非常有效地包容普惠金融，换句话说，普惠金融可以非常顺畅地融入金融民主化进程之中而成为其重要实现途径；另一方面，金融民主的指导理念、推进金融民主化的基础、条件、方式和绩效评价等都有可能为普惠金融的发展提供更具深度和全局导向性的指导准则。

普惠金融与金融民主之间的联系当然比较紧密，但也不能忽视两者之间所存在的明显区别，否则就容易在某些具体细节层面混淆两个概念。

(二) 普惠金融与金融民主的区别

1. 目标层面

普惠金融的出发点是为了减少贫困和促进全体民众获得均等的金融服务。金融民主，不论是扩张式金融民主还是深化式金融民主，其终极目标是促进和实现人类社会的平等、自由和繁荣。由此可知，金融民主的目标触及人类社会发展的根本目标，较普惠金融更加的宏大高远。当然减少贫困和促进机会均等的获得金融服务也应该可以纳入促进和实现人类社会的平等、自由和繁荣的目标体系之中，可以说普惠金融的目标是金融民主的阶段性目标之一，即金融民主的目标涵盖了普惠金融的目标。

2. 推动者

普惠金融的推动者主要包括非政府组织、私人商业银行、国有银行、邮政银行、非银行金融机构，以及信贷联盟等。简而言之，普惠金融的开展主体主要是指金融体系内部提供金融服务的机构。金融民主的推动者除了各类金融机构之外，还包括本国乃至相关的外国政府、立法机构。因为金融民主的开展不仅需要合宜的物质条件和智力条件，还需要相对完善的法律条件和心理条件，这些前提条件往往只有政府，具体说就是金融监管部门，金融法律法规的制定者，甚至突破国家的界限拓展至风险互换和共担的相关国家才有资格和能力达成。因此，金融民主推动者的范围要大于普惠金融。

3. 涉及对象

因为普惠金融的目标就是建立有效地、全方位地为社会所有阶层和群体——尤其是贫困、低收入人口——提供服务的金融体系。因此，普惠金融的涉及对象虽然包含社会所有阶层和群体，但还是主要倾向于广大贫困和低收入群体；金融民主的涉及对象并没有太多倾向性，即使是扩张式金融民主，通过金融创新可以使得众多的民众获得之前他们无法获得的金融服务，这里所指的民众甚至都可以涵盖大部分的中产阶级。当然，深化式金融民主所涉及的对象显然要比扩张式民主更加的宽泛。

4. 动力机制

从普惠金融与金融民主推动者的构成可以看出，两者存在较大不同，普惠金融要发展可能更多的是要在具体操作层面上进行局部的制度创新和新的市场竞争主体的引入，这样从量变到质变，最终引起金融监管部门针对出现的新问题和新趋势加以关注，在必要的情况下进行调控和管制。当然不排除立法部门和监管部门制定相关法律法规和采取某些指导来预先规范未来的普惠金融实践活动。因此，普惠金融的动力机制是由下而上与由上而下结合，但主要体现出来的是由下而上的传导；金融民主则需要更多的上层设计，甚至是顶层设计。虽然我们不能完全否定金融民主的实践领域的新趋势和新模式在某些情况下确实可以引发整个经济领域产生巨变，但更为一般的情况是，如果缺乏金融监管部门对金融制度的修改和设计，缺乏相应法规的认可，则金融民主新的形式和新理念难以大规模和正规化的扩展开来进而就会陷于停滞，因此金融民主的动力机制体现为由下而上与由上而下结合，主要是由上而下。这一动力机制在金融民主演进历程中体现得非常明显。

5. 具体开展形式

普惠金融的具体开展形式有小额信贷、储蓄、转账和保险等多层次的金融服务，而金融民主的具体推进形式则表现出更多的系统性和复杂性。即使是扩张式金融民主开展的具体形式也要比普惠金融丰富得多，因为只要出现某种金融创新，能够促进民众更加广泛和便利的进入金融体系，这种金融创新就可以算作开展扩张式金融民主的具体形式。比如次级贷款和新兴的互联网金融都是比较典型的例子。至于深化式金融民主开展的具体形式则更为丰富：现代金融理论、金融数学、心理学、社会学、人类学和神经生物学等知识被应用到金融和经济领域，促进人们更好的感知和把握金融市场的运行；改进金融信息基础设施，让更多的人受益于更加完善的金融活动、金融产品及金融服务；不断扩展金融市场的范围，将更广泛的经济风险纳入其中并实现风险的共担和对冲；对现有金融体制进行修正，推出更加完善的金融法律法规等。

6. 绩效评价层面

相比较而言，如果仅从普惠金融的概念认知出发，针对普惠金融的绩效评价指标相对单一些，民众获得金融服务比率、实施普惠金融后某国或地区贫困率下降幅度可能就足以概括普惠金融实施的绩效水平。针对金融民主开展的绩效评价则要复杂得多。比如要对某国家推进扩张式金融民主效果进行评价则需要较普惠金融另外增加金融体系开展金融创新的能力指标、民众对现有金融体系的满意度与参与热情等指标。至于推进深化式金融民主的效果甚至只能采用一整套指标体系才能加以准确和完整的衡量。例如，金融民主实施条件的衡量、新技术和社会学及经济学理论方法应用水平的测度、金融咨询体系和金融监管体系的运行效率测量、金融市场风险化解机制的运作水平等。

二、金融民主导向下发展普惠金融所应遵循的准则

金融民主能够为普惠金融的发展提供两个层面的指导：最终目标和阶段性目标。首先，金融民主的最终目标是为了促进人类社会自由、平等和繁荣的发展，因此三大目标理应成为发展普惠金融所应遵循的最终准则；其次，有关金融民主划分为扩张式金融民主和深化式金融民主的基本论断也可以为普惠金融在中长期的发展提供较好的阶段性目标。普惠金融作为扩张式金融民主的重要实践途径，理应为了进一步发展和推进深化式金融民主做准备，因此在开展普惠金融过程中应该要注意为下一步推进深化式金融民主奠定扎实的前期准备，包括物质准备、民众的心智准备、相关的法律准备等。下面就金融民主导向下发展普惠金融所应遵循的准则进行阐述：

（一）注重平等

平等体现为同等或相近条件下获得金融服务机会的平等，以及掌握现代金融理论知识储备的平等。这就要求在开展普惠金融时，不仅要注重采取小额信贷、微观金融的手段来帮助更多民众进入金融体系而获得金融服务，同样也要注意宣传现代金融知识，提供周全的金融咨询服务，以提升民众自身的金融素养。

1. 同等或相近条件下获得金融服务机会的平等

金融民主特别注重开展和实施金融民主应具备充分的前期准备。这些前期准备包括物质条件、法制条件、心理条件和智力条件这四方面的前提条件。这就要求开展普惠金融实践时，要为广大社会公众，尤其是

偏远地区和低收入人群提供布局合理的金融基础设施。目前我国的金融基础设施建设方面金融资源的配置存在地域布局和城乡布局的不合理，大量的优质金融机构和金融产品研发人才与团队集中于东部地区和大中型城市，大批的金融机构着眼于高收入人群和大中型企业，而这就直接造成了不同地域和不同群体之间在获得金融产品和服务的非平等化。在加强金融基础设施建设时特别注意的是构建能够覆盖全社会所有公民的完备的征信体系。抵押品缺乏也好，信息不对称问题也好，之所以成为传统金融或普惠金融开展的障碍，就是因为在有限博弈中大量存在的违约成本低于违约收益的状况。而完备的征信体系能够从根本上改变这一局面，使得社会上每个行为人在金融交易中的违约成本提高的无限大，从而彻底改变传统金融的局面。当然在这种极端情况下，传统金融对所有民众的覆盖性也达到了极大，普惠金融也就没有了存在的必要。但在这之前，针对全社会所有民众的征信体系将会大大促进普惠金融的开展。此外，金融创新的不断涌现很有可能改变民众选择金融产品和服务时的收益函数，或者是因为金融创新大大降低了民众参与某项金融交易的成本，或者是金融创新促使某项新的金融交易的出现和快速发展，总之金融创新的出现能够有助于增加民众在同等条件下获得相同金融产品和服务的可能性。

2. 掌握现代金融理念和理论的知识储备的平等

即使拥有同样的金融资源和资源禀赋，部分民众可能仍然因为所掌握的现代金融理念和理论知识储备的缺乏而自愿放弃获得某些金融产品或服务。因此在开展普惠金融时，不仅要鼓励普惠金融的提供者通过制度创新和产品创新以相对合理的价格来提供多元化的普惠金融产品，也应该针对普惠金融的受众进行金融知识的普及教育。由于普惠金融特别关注农村贫困人口和城市低收入人群，而这些群体可能相对于其他社会群体来讲接受普通教育的程度就相对较低，其所掌握的金融知识也会相对匮乏，因此，普惠金融在开展过程中，同步推进普惠金融教育活动帮助全体民众掌握较为现代的金融理念和基本的金融知识，将会对普惠金融战略顺利实施起到重大的推动作用。

（二）注重长期和整体利益

此准则对应人类社会追求繁荣的目标，对应着一种长期和可持续发展理念。注重长期和整体利益，要求在开展普惠金融时注意以下问题：一方面，普惠金融的服务对象应尽可能是那些有能力和有条件改善自身经济境遇的个人或小微企业，而且从事的行业能够在一定程度上实现可持续发展且对周边产生较好的经济带动和社会示范效应；另一方面，开展普惠金融的金融机构也应追求并保持合理的盈利水平，从而保证普惠金融实践活动持续开展下去，对于开展普惠金融的金融机构来讲，要想让农村贫困人口和城市低收入群体脱离贫困，很重要的一点就是要让他们通过金融产品和金融服务的帮助重新组合其所拥有的资源禀赋并实现持续的现金流。另外，如果开展普惠金融的金融机构较长时间内不盈利，甚至是长期亏损，则金融机构就没有内在激励来从事普惠金融活动。

（三）组织和带动民众的积极参与

发动和组织普惠金融覆盖的人群和企业共同参与到普惠金融的实践活动中，比如商讨和创新普惠金融的贷款方式、还款方式、信用担保方式乃至团体协作互助方式等。传统金融针对贫困和低收入人群的金融产品和服务相对匮乏，原因是多元化的。缺乏抵押品、信息不对称程度较高，以及针对相关人群的单笔金融交易费用超过盈利额等客观情况的存在要求开展普惠金融活动的金融机构采取完全不同于传统金融的信用甄别机制、风险识别及防范机制等。而这些金融技术和产品的创新必须要通过相关各参与方共同协作，在理论层面加以研究分析找出关键的影响因素制定出一系列可替代的金融产品组合以及普惠金融操作规程，在实践层面不断通过具有典型和代表性事例扩充和修正理论研究所存在的不同并筛选出真正具有可操作性和可持续性的具有强大生命力的信用甄别机制、风险识别及防范机制和全新的金融产品或服务组合，在人才培养方面通过广泛的普惠金融实践活动不断培养并储备一批具有真才实学且具有丰富成功普惠金融实践经验的管理者和从业者，不断提升我国普惠金融战略的整体水平。通过类似的带动和引导，民众的参与热情不断升温，从而进一步提升普惠金融开展的广度及深度。在充分和积极的参与过程中，民众势必对自身所具备的金融知识水平有一个较为清晰的认识，这又会促进民众自发和自觉的学习和提升金融知识，如此不断的正向循环必然会导致现代金融知识和理念在较大范围内的普及，在开展普惠金融的同时为推进深化式金融民主奠定充分的人员组织储备以及知识储备。

（四）注重法律法规制定的前瞻性

具备前瞻性的金融法律法规不仅明确界定金融体系内的机构和个人所开展金融活动的合法范围，并为相应的合法行为提供了法律依据和保护，更要结合普惠金融体系发展的趋势，为金融创新，包括金融机制和金融工具的创新提供想象和发展空间。要开展金融民主，完善的法制条件是重要的前提条件之一。法律法规是普惠金融开展的基本游戏规则，它对普惠金融体系内的各利益相关者提供了最低限度的行为规范，是各方行为决策最强有力的外部约束。如果相关法律法规落后于普惠金融实践活动，众多新的金融实践活动就会失去这种最为基本的行为约束指向而处于法律空白状态。这时往往就会有部分投机行为的产生，若这种投机行为遭逢重大的市场机遇，各方毫无约束的追逐私利可能就会造成整个普惠金融实践中金融风险的集聚和放大，当突破某个临界点时往往会引发金融市场秩序的动荡甚至是局部乃至整体性的金融危机，从而对普惠金融实践的开展造成沉重的打击。另外，合宜的金融法律法规的制定可以及时发现和跟进普惠金融实践活动的开展，甚至在某些情况下，可以通过借鉴他国的历史经验或者是通过先进理论的指导创造性地提出具备适当前瞻性的法律法规。这类的金融法律法规的出台将会在较大程度上明确界定普惠金融实践活动中各参与方的权利和义务关系，从而可以在较大程度上避免与化解可能出现的混乱和纠纷，并有力的推进普惠金融实践的快速、健康和持续性的发展。因此，立法部门除了在为普惠金融实践活动建立并提供尽量合理、完善的金融法律法规外，更要为金融民主化进程中可能引发的创新活动进行前瞻性考量，在控制总体风险的前提下尽量鼓励金融创新行为，如此才能有力推进金融民主化的进程。

第六节　小　结

本章基于范式的信仰视野对普惠金融与金融民主两个概念之间的关联进行了探讨。因为普惠金融，连同金融民主都属于较新的概念，其范畴与内涵都尚未有清晰的定量，故需要对其中的一些重要范畴进行细致剖析，具体行文看似冗长，但也实属必要。普惠金融理论尚未形成范式，乃是由于缺乏科学共同体，科学共同体尚未形成乃是因为由于信仰的缺乏，而信仰的缺乏由于普惠金融并未提出具有号召力的发展目标和发展路径规划设计，而金融民主恰恰可以填补普惠金融理论的这一鄙陋。

通过将金融民主置于民主概念坐标系中，我们发现金融民主可以非常合宜的划分为扩张式和深化式金融民主两个亚概念，当前普惠金融则完全可以被扩张式金融民主所容纳，而深化式金融民主作为金融民主发展的高级阶段为普惠金融中长期发展提供合理的发展目标和发展路径设计则顺理成章。因此，本章可以得出以下结论：普惠金融可全然包括于金融民主概念之中，而后者也可以为前者提供一系列发展之准则。本章的相关分析与结论应为形成普惠金融研究者的坚定信仰贡献些许力量，并最终有助于普惠金融研究范式的早日成形。

第四章

经济伦理视角下的普惠金融
——基于价值视野

在第三章中，我们已经分析到金融民主促进人类社会自由、平等和繁荣发展的最终目标亦应作为普惠金融所遵循的最终准则，那普惠金融理论与实践的发展过程究竟如何一以贯之？我们已经知道，在经济学范式中，价值层面则是信仰和技术层面不可或缺的中间传导链节，信仰决定了共同体成员拥有大致相同的价值判断。席林（2012）曾这样规定经济伦理学的概念："经济伦理学是对这样的规范进行学术的论述和发挥，它们使经济的所作所为符合满足需求的相应最近目的，并进一步符合最高目的；这些规范使之可能对经济活动和经济作道德上的评判：它们是否和最近目的及最高目的相一致或者相矛盾。"因此，可以说经济伦理学恰恰可以基于价值视野为普惠金融研究提供了良好的准绳。

第一节 经济伦理的相关理论概述

一、经济伦理的概念及研究范畴

（一）经济伦理的概念

霍曼（Homann，1993）指出经济伦理（Wirtschaftsethik）可以解决

如下的问题：在现代经济条件下，道德规范和理想如何发挥其功用。弗兰彻等（French et al.，1998）则认为经济伦理的作用是"通过激发道德想象、促进道德认识、整合道德与管理、强化道德评价等手段"培养经济主体在决策中道德推理能力的部分，其目的是澄清和化解经济决策活动中存在的各种利益冲突。以上两个有代表性的定义，以及本章开头所提及的席林的定义都强调了经济伦理应该促进经济体对伦理体系所蕴涵道德观念的遵循。

（二）经济伦理的研究范畴

从语义分析的角度来看，汉语中的经济伦理其实更接近欧洲经济伦理专家所使用的德语词汇"Wirtschaftsethik"，"Wirtschaftsethik"则囊括了经济伦理（Economic Ethics）与企业伦理（Business Ethics）两个词汇而并不特别指向于某一个。乔治（2002）经济伦理学包括三个层次的内容：一是对经济制度的道德评价；二是企业制度内部经营活动的研究；三是对个人及其经济性行为和交易性行为的道德评价。2013年希腊雅典举办的世界哲学大会上，与会学者也达成了类似的共识：

（1）经济伦理更多指代宏观和微观层面。昂斯珀格和冯·帕里哲斯（Arnsperger and Van Parijs，2000）认为经济伦理属于社会伦理的一个有机组成部分，它的研究范畴主要涉及经济领域的行为模式和机构。科尼尔（Conill，2004）认为经济伦理的概念范畴应该涵盖经济和伦理的关系以及伦理对经济系统的影响。很显然这两种观点都将经济伦理的研究范畴界定在宏观层面。此外，很多持有类似观点的学者研究东正教的经济伦理、佛教的经济伦理、天主教的经济伦理、伊斯兰教的经济伦理。

（2）与此相对应的是企业伦理主要讨论中观层面（meso-level）。乔治斯·恩德勒（Georges Enderle）就认为经济伦理发展的动力应该是追求一种"新实践"，特别是强调实践对理论的优先性。

但不论是经济伦理还是企业伦理，欧美两大流派都是在研究伦理（包括伦理认知或伦理共识）与经济（经济系统或经济组织）之间的相互影响及作用关系。这也是经济伦理（Wirtschaftsethik）的所谓"标准"研究范畴，任何人也不能轻易撼动。

二、经济伦理研究的发展沿革

（一）经济伦理学的诞生

经济伦理研究的雏形最早可以追溯到古希腊的先哲亚里士多德。亚里士多德在《尼各马可伦理学》开篇就把经济学与人类行为的目的联系起来，他指出"财富显然不是我们真正要追求的东西，只是因为它有用或者因为别的什么理由"，因此经济学最终需要与伦理学结合起来。但直到马克思·韦伯才真正将"经济伦理"作为一个特定概念提出来。韦伯在《世界宗教的经济伦理》一文中率先使用了这个概念。经过半个多世纪的研究、探讨和积淀，在 20 世纪 70 年代，经济伦理学作为一门相对成熟的学科终于在美国确立起来。

（二）美国的经济伦理学

美国的经济伦理学更多倾向于使用企业伦理（Business Ethics）这个概念，不太注重思辨和形而上学层面的纯粹理论探讨，转而特别注重"实践"层面的研究。美国的相关学者认为经济伦理学涉及了企业经营活动与伦理学之间的相互作用与影响，和企业经营活动相类似，经济伦理学也可扩展至国内，国际以及全球化等各个层次，并没有什么地理范围的限制。

美国的经济伦理学主要研究以下几个层次的问题：第一个层次，即宏观层次，主要关注对美国自由企业经济制度的道德评价，以及该制度的替代方案及其调整问题；第二个层次是对美国自由企业制度内部经营活动的研究，由于企业是这一制度最突出的特征，因此一直受到最大程度的关注；第三个层次是对个人及其经济行为和交易行为的道德评价构成进行研究。例如，对公司的投资者、管理者以及工人的道德素质状况在多大程度上决定了该公司的道德水平，同时其制度、组织结构、运营实践等因素如何对公司伦理行为造成影响等问题进行研究。由于企业经营的国际化与全球化趋势日渐加强，因而产生了第四个分析层次，即伦理学的国际化研究，其主要研究对象是国内外各跨国公司的行为，以及贸易状况、产品与职位的分配、自然资源的运用、过度开采及衰竭问题以及经营活动在全球变暖、热带雨林破坏等与人类命运休戚相关的重大事件中所扮演的角色等课题。

乔治·恩德勒在其《面向行动的经济伦理学》一书中认为"经济伦理学的试金石是决策和行动的实践"；爱德华·弗里曼在《战略管理——利益相关者方法》、唐玛丽·德里斯科尔和迈克·霍夫曼在《价值观驱动管理》中深入地研究了经济伦理的中观层次即企业伦理的落实方法问题。劳拉 P. 郝特曼和乔达斯·渣丁思（Laura P. Hartman and Joe Des. Jardins，2008）的观点可以很好地涵盖美国的经济伦理研究方向与目标，他们指出"今天的问题不仅仅是伦理为什么是企业的一部分，或伦理是否应该成为企业的一部分；更为关键的是什么样的价值观和原则才能指引企业做出正确的决策，并且如何把伦理整合到企业经营当中，成为不可或缺的一部分。"

（三）欧洲的经济伦理研究

20 世纪 80 年代之后，经济伦理的理念传入欧洲，并逐渐扩展至全世界。欧洲伦理学研究在发展过程中逐渐展现出自己的鲜明特色：（1）主张应同时注重经济伦理理论层面与实践层面的研究；（2）某些专门术语被创造出来并在欧洲范围内较广泛的使用。例如，欧洲学者似乎并不太注意区分经济伦理与企业伦理这两个概念，虽然在一定程度上，他们也认为经济伦理的语义跨越了中观到宏观的层面，而企业伦理则更侧重于微观层面与中观层面。因此，他们通常以德语中的"Wirtschafts-ethikhik"来囊括经济伦理与企业伦理这两个概念的具体含义。这些都最终使得欧洲经济伦理学的研究慢慢从北美企业伦理研究的框架模式中独立开来。

(四) 经济伦理的延伸发展

经济伦理学说在全球范围内被广泛接受之后，与众多学科也开始了接触与融合，经济伦理学的发展与演进也开始呈现出多样化的特点。例如，行为经济学并不延续主流的新古典经济学的理性人假设，而是尝试着探讨"真实的人类"是如何做出决策的。经济伦理也开始尝试从行为经济学的研究方法中汲取营养，并重点考察经济人行为选择时所遵循的道德自律层面。二十年多来，经济伦理的延伸发展可以大体包含在以下三个方面：

1. 生态伦理

生态经济是一种全新的经济发展形式，它需要人们的广泛认同、接纳并切实践行，而这就需要通过经济伦理运动来深深地影响人们、影响经济主体。生态经济的理念越来越受到重视，并开始成为现代经济伦理价值体系中的基本信念之一。世界著名经济伦理学家 R. 爱德华·弗里曼等人认为在今天的世界中，任何经济观念都要经过环境保护主义的审视，任何经济主体都必须把经济发展方式、经济运行体制、人类兴旺、伦理规范与环境所有的思想整合在一起，环保意识深藏于基于价值的商务观念中，"它反映着人们最深层次的关爱，增益着我们的自然人性。它既是利润和员工效率的驱动者，更是一种新商务逻辑和价值观念的源泉"。"今天的企业家们面临的挑战是：以正道赚钱，同时保护环境。"而这恰好是发展生态经济所需要的。

2. 全球经济伦理

20 世纪后期大量曝光的商业丑闻（如非法操纵市场和股票交易、随意处置有毒化学物质，等等）促使社会反思市场经济制度、企业组织以及作为其理论基础和根据的经济理论和道德准则，从而形成了由社会各界参加的"全球经济伦理"运动，作为一门新学科的经济伦理学就是由这一运动推动而形成的。随着经济全球化的发展，"全球化的伦理挑战"正在促使经济伦理学朝着"全球经济伦理"的方向发展，这一运动的发展使人们对市场制度作用的认识、对公司组织的认识和对经济伦理作用的认识达到了一个崭新的高度。

1989 年，由欧美一些对经济伦理研究感兴趣的学者和企业家创办的国际性学术团体"国际企业、经济学和伦理学学会"。学会以"促进和支持世界经济伦理的发展"为宗旨，每四年举行一次世界大会。欧洲经济伦理学的奠基人乔治·恩德勒、诺贝尔经济学奖得主阿玛蒂亚·森和"全球伦理"发起者汉斯·昆都是学会的支持者和参与者。学会已成为目前最具影响的国际经济伦理研讨会，并成为国际学术界、企业界、政府及民间组织讨论企业及经济伦理问题的最具影响力的交流平台。1996 年，在东京召开的"国际企业、经济学和伦理学"第一届世界大会上瑞士学者汉斯·昆呼吁全球化正在使世界变成一个庞大的市场，不同国籍的人们需要克服文化和价值差异，坚持共同的行为准则来开展深度合作。此后学会的第二届、第三届和第四届世界大会促进了"全球经济伦理"问题研究逐渐向广度和深度拓展。

3. 解释—批判的经济伦理学

进入 21 世纪以来，针对经济伦理的研究基本围绕着道德和社会契约理论、伦理决策制定、企业社会责任和利益相关者理论等主题展开。尤其是解释—批判的经济伦理学，更应视为经济伦理学进入 21 世纪之后的重要研究进展。解释—批判的经济伦理学主要的研究者有科尔蒂纳等（Cortina et al.，2008）、科尔蒂纳（2003）、科尼尔（2004；2006）、伽可拉－马札（García－Marzá，2004）和洛扎诺（Lozano，2004）。解释—批判的经济伦理学强调互为主体性是社会生活的核心，将互为主体性作为分析经济生活的一把钥匙，并进而应用哲学方法来对经济活动进行解释与批判。解释—批判的经济伦理学试图揭示三个方面的问题：（1）经济目标应该赋予经济活动某种社会合法性和意义。经济活动、经济增长应该满足社会不同阶层的诉求。经济的增长，具体到GDP 的增长应该为满足民众诸多需求的目标来服务，这些需求包括基本的经济收入的达成、个人能力的充分发挥以及对个人生活方式的追求等。一句话来概括就是要创造一个好的社会。（2）经济活动应遵循伦理规范。在经济全球化的今天，经济伦理应该更加关注人类发展的伦理问题。全球化的趋势使得世界上的所有国家都不得不"互为主体"。经济活动的目的应该是有助于所有国家及所有个体的发展。（3）伦理规范的哲学基础需要赋予经济活动某种理性的有效性。在当代社会，提倡伦理规范早已不能绕开经济活动本身。任何伦理规范哲学基础的构建不仅要理解经济实践活动，还要为经济活动赋予某种层次的理性。

解释—批判的经济伦理学对现代经济社会条件下经济伦理各个层级的具体含义都有了相对成熟的见解与论述。对于微观层面，解释—批判的经济伦理学认为经济活动的参与人除了具备经济理性外还应该具备交互理性；对应中观层面，此学派强调企业在遵循竞争、利润导向等经济原则的前提下要特别关注社会责任，商业伦理必须要转化为一种切实可行的管理工具纳入公司的运作模式当中，正直且审慎的遵循必要的伦理规范；在宏观层面，上升到国内和国际间的经济活动，同样应该遵循道德秩序的约束。在协商制定好公平互利的国家和国际经济活动的游戏规则后，任何经济活动都不应该舍弃道德驱动力。

第二节　经济伦理学的具体功用

一、有力地批判"价值中立"原则

亚当·斯密创立现代经济学之初，经济学与伦理学原本是融为一体的，按照经济学边际主义革命的完成者马歇尔的说法"经济学曾经是它的主人即伦理学最忙碌的女仆"。然而，自古典经济学家西尼尔第一次提出经济学"价值中立"命题，特别是经济学边际主义革命以来，经济学与伦理学已分化到两个完全不同的知识领域，当代主流经济学与伦理学越走越远。

古典经济学家西尼尔首先提出经济学研究应该遵循"价值中立"

的原则，在此之后罗宾斯在 1932 年出版的《经济科学的性质和意义》一书中继承并延续了这个原则，同时这个原则也被许多当代经济学者所接受。但正像阿马蒂亚·森所（1981）担忧的那样：随着现代经济学（包括金融学）与伦理学之间隔阂的不断加深，相关学科已经出现了严重的贫困化现象。霍奇森（Hodgson，2002）曾这样指出：经济世界是一个因果与意图叠加的极度复杂的世界，经济学研究既不可以走向纯意图论而舍弃对经济规律的探求，又不可以盲信存在绝对确定性的经济规律而不顾人类经济活动的意向性和复杂性。然而建立在完全理性人假设、完全竞争市场假设与"价值中立"（Non-ethical）特征基础上的新古典范式不仅回避了规范分析，而且还忽视了人类复杂多样的伦理考虑，而这些伦理考虑是能够影响人类实际行为的。

诺贝尔经济学奖获得者库普曼也认为："无论是在自然科学中，或者是在社会科学中，任何系统的理论体系均表现一个'价值观假定加逻辑推理'的结构"。米尔达尔指出："经济学理论绝不能是中立的，而且从实证主义的意义来说，也不可能是'客观的'"。弗里德曼也认为"经济学家并不仅仅是经济学家，他们也是人，他们自己的价值观无疑地影响他们的经济学"。琼·罗宾逊（1962）同样反驳道："甚至到了今天，经济学包括三个方面或者起着三种作用：极力要理解经济是如何运转的；提出改进的建议并证明衡量改革的标准是正当的；断定什么是可取的，这个标准必定涉及道德和政治判断。经济学绝不可能是一门完全'纯粹'的科学而不掺杂人的价值标准。对经济问题进行观察的道德和政治观点，往往同所提出的问题甚至同所使用的方法那么不可分割地纠缠在一起，因而上述政治经济学的三要素，就不那么容易保持它们之间的分明界限了。"

总之，经济学理论可以很好甚至是精密地阐述经济现实"是什么"的实证层面，但它绝对不能回避经济现实"应该是什么"的规范层面，因为经济现实本来就包含着实证和规范这两个层面。因此经济伦理学传达给我们的一个基本信念，即合理的经济学范式应该坚决反对与摒弃"价值中立"。

二、有效调和工具理性与价值理性两类经济动机的矛盾

马克斯·韦伯（1904）在《新教伦理与资本主义精神》率先提出的工具理性和价值理性两大概念可以很好地反映人类社会经济行为背后的两类动机。工具理性认为思想、观念、理论是行为人实现特定目的的工具，评价其真理性和根本价值的标准在于能否指引人们的行动来达成相应目标。在经济社会中，遵循工具理性的经济体通过获得经济利益来证明自身的成功，金钱从获得幸福的手段变成了目的。价值理性则并不坚持结果导向而为自身的"动机与手段"预先设定某种价值信仰。推崇与遵循价值理性的行为人注重行为本身所能代表的价值，即是否实现社会的公平、正义、忠诚和荣誉等目标，而并不是看重乃至忽略所选择行为的结果。行为人所全心关注的是从某些具有实质的、特定的价值理念角度来看待行为的合理性。在商业生态中，经济体只有一定程度上维持工具理性才能保证自身在竞争环境中生存和发展下去。但过度信奉工具理性有可能造成经济体的自利行为产生很强的负外部效应，即己方盈利的同时损害了他人正当的权益，甚至对整个地区和社会造成了严重危害。

经济事件的目的不应该是纯工具性的，其工具性价值应与内在价值、美等因素结合在一起。因此，可以这样讲，经济伦理的具体功用就是帮助经济组织乃至整个社会在重视价值理性的前提下发挥工具理性。

进一步，我们还可以得到如下启发：从目前的发展态势来看，虽然当代经济伦理学大致可以分成美国和欧洲两大流派，但两大流派对经济伦理学的一些基本学科问题观点存在明显分歧，因此想要简短扼要地概况经济伦理的概念并非易事。如果尝试从不同层面或角度来对经济伦理进行某种程度的解构，在此基础上再加以梳理与糅合，则可能较好地提炼出经济伦理的概念含义，即经济伦理概念是研究经济与伦理相互影响及作用关系的同时，帮助经济组织乃至整个社会在重视价值理性的前提下发挥工具理性。

第三节　经济伦理视角下普惠金融概念的内涵解析

抛弃古典经济学曾经所关注的伦理纬度造成了经济学元理论的简化，不能回避的是这种简化在促进现代经济学与金融学理论快速发展的同时也无形之中奠定了工具理性在经济学与金融学理论乃至实践环节中的统治地位。遵循主流经济理论与金融学理论的正规金融机构或正规金融体系在重视甚至是信奉工具理性的前提下，必然会热衷于对利润率的追逐，忽视、抵制甚至是蔑视任何正当社会责任的担当。例如，将低收入人群纳入正规金融体系所服务的客户范围内，轻视价值理性的金融机构通常具有一种惯性思维，在他们看来，这些举措势必会引起利润率的下滑与公司股价的下降，因而这些金融机构往往会立即否决类似的经营尝试。

经济发展和金融发展不应也不能脱离经济伦理的约束，这也是几百年来许多经济学家所承认与追求的信念与目标。亚当·斯密（Adam Smith）对有利于社会下层的分配公正予以支持。"下层阶级生活状况的改善，是对社会有利呢，或是对社会不利呢？一看就知道，这问题的答案极为明显。……社会最大部分成员境遇的改善，决不能视为对社会全体不利。有大部分成员陷于贫困悲惨状态的社会，决不能说是繁荣幸福的社会。"近代英国经济学家马歇尔（Alfred Marshall）认为，社会财富分配上的不公正是经济体制中的一个严重缺陷，人类的经济体制和社会组织应该关心那些生活在社会下层的人群。"在不伤害人们自由创造精神与原动力，从而不会大大妨碍国民收入增长的前提下，对这种不均的任何减少，显然是对社会有利的。虽然通过计算提醒我们，要把所有收入都提高到现有特别富裕的手艺人家庭已达到的水平之上，是不可能的，但是那些低于这一水平的收入应该有所提高，即使在某种程度上要以降低此水平以上的人的收入为代价，也的确是值得想望的。"福利经济学家庇古（A. C. Pigou）认为，经济福利在很大程度上受国民收入

的数量和国民收入在社会成员间分配方式的影响。提高穷人所获得的
实际收入的绝对份额，一般说来将增加经济福利。为实现分配结果的
公平，必须将国民收入从富人手中向穷人那里转移。这种转移是最重
要的，它代表着分配向着有利于穷人一方的改善。庇古将分配的公
正，尤其是有利于穷人生活改善的分配与整个社会的福利结合起来讨
论，出于对穷人利益关怀的伦理考虑，明确地表明了将国民收入从富人
手中向穷人那里转移的价值立场和伦理态度。美国经济学家加尔布雷思
（J. K. Galbraith）所言："在好社会里，所有的公民必须享有个人自由、
基本的生活水准、种族和民族平等以及过有价值生活的机会。""谁也
不得被排斥在外，丧失收入而沦入挨饿、无家可归、有病无处医或一贫
如洗的地步"。美国经济学家迈克尔·P. 托达罗（Michael P. Todaro）
提出了一种新的经济发展观，他指出"发展必须被视为是一个既包括经
济增长、缩小不平等和根除贫困，又包括社会结构、国民观念和国家制
度等这些主要变化的多元过程。"

普惠金融的概念之所以被提出并得到越来越多的热烈响应，在某种
程度上讲，恰恰是因为普惠金融理念乃是对当今西方主流经济学与金融
学所归属的新古典研究范式的一种反思与纠正。结合本书对经济伦理概
念的解析，作为正规金融体系从理念到实践各个环节解构之后的重建，
普惠金融的概念可以界定为正规金融机构乃至整个正规金融体系在坚持
价值理性的硬性约束下合理追求工具理性的一系列理念及实践活动的综
合。具体来讲，可以尝试从以下三个方面理解与把握普惠金融的概念
内涵：

一、普惠金融坚持以价值理性作为内涵核心

普惠金融的开展应该首先服从社会普罗大众对公平、正义、自由与
繁荣的信仰与追求。在普惠金融实践环节中，正规金融机构或正规金融
体系应该充分认识到自身在确保所有社会民众，尤其是低收入群体获
得平等发展机会，削弱社会不平等及根除贫困现象方面具有不可推卸

的责任。正规金融机构应尽己所能地向社会各阶层民众提供具有差异化且价格适度的金融产品或服务：在他们对金融产品或服务有需求时，如果其具有相应的支付意愿与能力，则他们的需求都应该得到合理满足。

二、普惠金融内涵并不完全排斥工具理性

普惠金融主张要把社会所有民众全部纳入正规金融体系内部，但普惠金融并不排斥正规金融机构对工具理性的合理诉求。追求合理的商业利润，适度发挥工具理性的积极作用，对正规金融机构或体系快速健康发展都有巨大的内在激励作用。反之，若不能获得足量的商业利润，任何形式的金融机构都不能长久存在下去。忽视了正规金融机构对工具理性的合理诉求，任何普惠金融的实践活动都不能实现可持续发展，因此也就不能长期奉行价值理性。

三、普惠金融应重视价值理性与工具理性融合发展的机制研究

此项是惠金融概念内涵最核心的内容。

普惠金融强调在重视价值理性的前提下尊重正规金融机构乃至正规金融体系对工具理性的追求。如果这个原则得到了良好的落实，则整个社会的金融运行模式及运行效果会发生很大的变化。例如，价值理性与工具理性的有机融合会使得（1）更多民众加入正规金融体系内部，获得价格合理的金融产品或服务会有助于他们改进自身经济状况，减少社会的贫困水平，并间接改善整个社会的福利水准，而这又成为新一轮普惠金融实践活动的良好开端。这种价值理性与工具理性互为因果的影响机制究竟如何运转，其间又会受到哪些因素的影响都需要加以研究。（2）对于微观层面某个具有代表性的正规金融机构而言，政府如何出台具体的制度设计，让其有动力实现价值理性与工具理性融合也应是重

点研究的课题。

问题又回到如何让正规金融机构既不放松对工具理性的追求而又尊重价值理性上来了。其实我们可以换个角度来重新诠释下相关问题：改变正规金融机构的理性假设。即除非对正规金融机构追逐自利的完全理性进行某种程度的实质性改造，否则普惠金融对金融市场运作就难以产生任何实质性影响。要改变正规金融机构的理性假设可以从以下两个方面来着手：

（一）利用间接功利主义分析工具来揭示普惠金融所能带来的互惠关系

正如前面解释—批判的经济伦理学所强调的那样，互为主体性是社会生活的核心。但新古典分析范式所特别强调的完全理性假设却使得经济人天然缺乏足够的兴趣和合适的分析工具来揭示社会生活中的紧密关联性。

一个人的真正目标并非其正在努力最大化的那一目标。或者是人们虽然希望实现自己目标的最大化，但由于认识到了成功的相互依赖性，从而关心他人的目标。虽然他人的目标不可能被纳入一个人自己的目标中，但是对相互依赖性的一致认同，会给出某种特定的行为准则：这一"行为准则"不必具有内在的价值，但对于促进团体中各成员的目标实现却具有很大的工具价值。亚当·斯密（1790）也赞成行为准则的工具重要性"那些一般的行为准则，当它们经过我们的日常反省而在我们的头脑中固定下来时，那些在特定处境中什么是最适宜的和应该的行为，对于纠正我们对自利的曲解非常有用处。"

对经济理论中的标准行为假设的背离会因为各种不同的伦理考虑而出现。人们可能忠诚于一些特定的行为模式，这些行为模式被认为是神圣不可侵犯的。人们对这些行为模式的忠诚并不是因为它具有内在价值，而是因为它有工具重要性。类似的伦理考虑可能就会让人联想到某种具有外部性影响的激励机制。例如，如果假定互惠具有某种程度的工具价值，我们就可以说，每个人很有可能是为了更好地实现自身的目标来认同互惠并采取互惠行为。

间接功利主义的提出者哈萨尼（1982；1983）和哈里（1981；1982）已经提出把对准则的忠诚纳入功利主义计算的主张。因此，在普惠金融的相关研究中，采用间接功利主义的观点和分析工具来揭示普惠金融实践中金融市场供求双方的互惠关系，可以有效地放松正规金融机构的完全理性假设，因为通过关注与帮助他人来间接增加自身的利益对类似机构来讲已经成为一种非常有吸引力的选择。很明显，普惠金融理论研究中对相关问题的研究尚处于空白。

（二）强化全社会的伦理价值教育

经济理论毕竟是用来描述、解释乃至指导现实的，经济理论本身可以在某种程度上保持所谓价值中立，但经济现实中的人或组织做出任何经济决策却绝对不能脱离"动机"，而动机本身是必然会受到某种道德因素约束的。从社会心理学最为苛刻的理论到世界范围内广阔而充满差异性的各种文化都说明，自利最大化的完全理性假设是多么极端，对人类行为的解释能力也显得有些苍白无力。正如阿玛蒂亚·森所讲的那样：尽自己的最大努力实现自己追求的东西却只能是理性的一部分，而且这其中还可能包括对非自利目标的促进，那些非自利目标也可能是我们认为有价值的或愿意追求的目标。把任何偏离自利最大化的行为都看成是非理性行为，就意味着拒绝伦理考虑在实际决策中的作用。

因此，放松正规金融机构的完全理性假设不仅可以通过采用间接功利主义的观点和分析工具来揭示普惠金融实践中金融市场供求双方的互惠关系，让正规金融机构更多从互惠角度来审视和做出经济决策与选择判断，也可以由政府通盘考虑公民道德、职业道德及行业道德建设，在长期中逐渐修正经济个体及组织的理性价值判断。

基于以上三个方面的阐述，还可以对普惠金融的概念内涵做以下拓展：

四、正规金融机构是普惠金融的实践主体

普惠金融实践环节的主体是正规金融机构，因为普惠金融理念特别强调了要将所有社会民众全部纳入正规金融体系来享受合宜的金融产品和金融服务，这一理念是否得到切实的贯彻完全是由正规金融机构自身来决定。基于经济理性的计算，正规金融机构必然关注自身利益的实现，只有当普惠金融的实践活动能给自身带来合理的经济利益，正规金融机构才会有足够的激励推动普惠金融的发展。对此政府或金融监管当局尤其要保持足够清醒的认识，绝不能越俎代庖，否则缺乏正规金融机构积极性与创造性的参与，普惠金融的发展很有可能会仅仅停留在形式层面。

五、政府是普惠金融理念引导者与实践规则制定者

正如上文所讲，普惠金融其实质仍属于商业金融范畴，正规金融机构在推进普惠金融实践的机会成本不应过高，即开展普惠金融具体业务的盈利率不应低于其他业务。相对于传统的金融发展理念，普惠金融更加注重坚持以价值理性作为金融发展的出发点与落脚点。具体来讲，普惠金融的概念内涵应涉及普及、启发与落实正规金融体系尊重与遵循价值理性。一方面，政府或金融监管当局绝不能以行政手段强迫正规金融机构必须做出某种承诺或姿态，而应该成为引导和推行普惠金融所蕴涵的价值理性，改变正规金融机构管理者的理性偏好，使其自觉参与到普惠金融的实践过程中去；另一方面，政府或金融监管当局应该尊重正规金融机构对工具理性的适度追求，主要从经济调控手段来引导正规金融机构，使其自愿加入到普惠金融实践中。

六、民众是普惠金融的重要参与主体

如果说正规金融是普惠金融的供给方，则所有社会成员，包括低收

入人群就是普惠金融的需求方。普惠金融的发展与成熟，离不开需求方金融理念、金融意识与现代金融专业知识认知水平、理解与领悟能力的提升。提及普惠金融的理念与实践，不应仅局限于具体金融产品或服务的交易，还应包括面向全体社会成员的普惠金融教育，此举同样是落实普惠金融理念、推动普惠金融实践发展的前提与必要措施。

第四节 小 结

从目前普惠金融理论与实践的发展状况来看，有关普惠金融到底能够做到什么，以及到底应该做些什么等基本问题层面都存在诸多的讨论。本书认为之所以会出现这些讨论，乃是由于不同学者之间对经济学和金融学是否应同时具备"价值属性"和"工具属性"，或者说是经济学和金融学是否该遵循"价值中立"原则。本章首先探讨了经济伦理的发展沿革及流派观点，在此基础上归纳了经济伦理概念，即经济伦理是研究经济与伦理相互影响及作用关系的同时，帮助经济组织乃至整个社会在重视价值理性的前提下发挥工具理性。其次，笔者认为要解决普惠金融理论界现存的诸多问题，的确需要紧握经济伦理这把"奥卡姆剃刀"割裂相关的纠缠。一旦回归到经济学和金融学发展必须受到经济伦理的约束这个原点，所有问题都会变得异常清晰与明了，也就会较为容易形成这样的共识：普惠金融开展应该首先服从社会普罗大众对公平、正义、自由与繁荣的信仰与追求。以此为基础，也就可以比较清晰地勾画出普惠金融本该具有的基本内涵。

第五章

经济哲学视角下的普惠金融
——基于技术视野

不论我们如何来理解范式，作为"一种整体的世界观"的范式首先应该是一种理论体系。有关经济学研究范式信仰、价值和技术三大视野的剖析中，技术可以说是最容易被观测和进行类比的。仅就技术层面来讲，之所以称得上研究范式，乃是此类研究必须是已经建立起了标准的理论模型及研究体系。在第二章中，我们通过剖析已经认识到当前普惠金融的相关研究尚未建立起基础性或核心的理论模型，主要是因为(1)目前普惠金融理论研究者并未对外在制度与环境约束、行为人的目标函数及行为人的资源禀赋约束这三大基本要素加以清晰的界定；(2)普惠金融研究尚未对某些基本假定，如完全理性、信息对称等加以清晰界定。而这种"技术"层面的硬伤使得普惠金融难以称得上一种研究范式。

经济哲学，将哲学原则应用于经济学研究之中，能够为经济学研究提供必要乃至最高的方法论指导。在本章中，我们将借助经济哲学来对相关硬伤进行"诊断"并尝试加以"治疗"，以帮助普惠金融研究迅速建立起自身的理论研究模型体系，从而免于在最易被观测的"技术"层面被人指谪。

第一节　经济哲学的概念厘正

法国学者博索特将跨学科类型分成三种：一是线性跨学科，即直接把一门学科的原理运用到另一门学科；二是结构性跨学科，即在两门或两门以上的学科结合中产生新的学科；三是约束性跨学科，即在一个具体目标要求的约束下，实现多学科的协调和合作。从语义分析学角度来讲，经济哲学的本义可以有至少四种形式的概念融合：经济学的哲学（Philosophy of Economics）、哲学的经济学（Economics of Philosophy）、经济的哲学（Philosophy of the Economic）和经济哲学（Economic Philosophy）（张雪魁和吴瑞敏，2011）。

从经济学的哲学（Philosophy of Economics）这一概念出发，经济哲学的研究对象是经济学，尤其是经济学的基本命题，即对经济学的假设前提、研究方法、价值取向、逻辑框架等进行哲学的澄清和透视；如果认为经济哲学本义乃为经济的哲学或经济哲学，则经济哲学应该被理解为哲学原理在经济领域中的应用，经济哲学研究对象就应是经济事实（Economic Things）或经济现象（Economic Phenomena），则绝非经济学或经济学理论本身；如果从哲学的经济学的概念出发，则可以认为经济哲学的含义为"用经济学的方法来研究哲学"。

迄今为止，我国经济哲学界对经济哲学的研究对象这个最根本的问题仍未能达成统一认识。与西方学界将经济哲学明确定义为"Philosophy of Economics"，即将经济哲学的研究对象严格地界定为经济学（理论）大为不同，国内多数学者仍把经济哲学理解为"Philosophy of Economic"，即认为经济哲学的研究对象是经济，或者笼统地将经济哲学理解为"Economic Philosophy"。其实质乃是预设哲学在经济哲学研究中的优先地位，用经济哲学的哲学属性稀释和掩蔽其经济学属性。

但是从西方经济哲学研究的传统来看，经济哲学研究对象基本局限于经济学理论及其方法论体系本身，因此在西方经济哲学著作中很少会

出现 "Economic Philosophy" 和 "Philosophy of the Economic" 这样的语义结构。一般情况下, "Philosophy of Economics", 即经济学的哲学则更多出现。西美尔在 1900 年出版的《货币哲学》中指出, 经济哲学的研究就是要 "从经济学结束和尚未开始的地方起步"。一个例外是罗宾逊的《经济哲学》(*Economic Philosophy*, 1962) 一书, 但从全书内容来看, 她这里的 "Economic Philosophy" 实际所指涉的仍是 "Philosophy of Economics", 因为该书的研究对象正是经济学的基本命题。由此可见, 经济哲学的基本语义指向即利用哲学对经济学本身进行剖析与指导。

正如张雪魁和吴瑞敏 (2011) 所强调的那样, 西方学术界约定成俗的 "Philosophy of Economics" 概念, 对于我们准确定位经济哲学的学科性质至关重要。"Philosophy of Economics" 表明经济哲学是内生于经济学本身的, 也就是说经济哲学是从经济学本身自然地引申出来的, 而不是相反, 即把经济哲学理解为哲学对经济学的概述、把握、剪裁、附会、抽象、批判、干预和解构。一言以蔽之, 以 "Philosophy of Economics" 观之, 哲学在经济哲学研究中并不占有逻辑上和事实上的优先性, 毋庸置疑, 深入地研究经济学倒是从事经济哲学研究的前提性条件。

第二节　经济哲学对经济学的指引作用

经济哲学对经济学的指导与修正主要体现在两个大的方面: 一是从经济学方法论角度, 对具体经济理论前提假设本身的真实性, 即前提假设与经济现象本身的贴合性进行探讨; 二是对经济学体系本身所建立的某些先验性公理、假定及价值取向等进行评判。

一、从方法论角度对经济学进行规范

经济学之所以能够解释和预测现实, 就是因为经济学分析经济现

象本身时建立并运用了一系列的经济模型，而所有经济模型都是一种对现实世界的抽象，而经济模型的前提假设则是完成如是抽象的先决条件。

好的经济模型具备两种融洽性，一种是经济理论的内部自洽性，即自身逻辑构建要严密，是由前提假设出发，经过精密而无任何谬误的逻辑推断才能建立起相应的理论构建；另一种是外部融洽性，即经济理论本身要对所描述的经济现象进行很好的解释甚至是预测。内部自洽性对经济理论的前提假设是否与所描述经济现象的真实性比较接近并不看重，只要经济理论内部的逻辑构建达到了严密无误的标准即可。这就导致两种情况的出现：一是数学工具在经济理论中的广泛应用，因为数学逻辑在所有形式逻辑当中最为严密，并且数学逻辑的谬误也较其他类型的逻辑更容易检验出错谬。当然数学方法并不是唯一可以做到严密无误的逻辑形式，高深数学方法的使用甚至是滥用的情况也需要我们深思。二是某些经济理论的前提假设看似严重脱离现实。（田国强，2005）对此，我们也可以从两个方面来进行分析：一方面，经济理论，尤其是某些奠基性的经济理论其作用就类似于电脑的操作系统平台，在这个平台上不同人可以根据自己的需要再进行编程和创新。这一点比较像宏观世界物理学的牛顿运动三定律，虽然三定律的前提假设在现实世界中绝对不存在，但我们却不能否认其对近现代物理学的巨大推动作用。成素梅（2008）在评价科学哲学的发展——语境实在论时指出，科学理论不再是命题的集合，而是模仿世界内在机制的模型集合；科学的话语不再是关于真实世界的话语，而是关于模型世界的话语；理论模型与现实世界之间的关系，是一种动态的相似性、境遇性关系，而不再是固定的符合性、再现性关系。另一方面，若经济理论前提假设严重脱离现实通常，是不能直接应用其来指导现实的。因为经济理论所包含的逻辑构建完全是在前提假设基础上层层演绎完成的，若前提假设与现实脱离严重，则经济理论的逻辑构建便会与经济现象的运作机制出现较大的偏差，导致经济理论难以达到外部融洽性（林毅夫，2001）。

总之，经济哲学从方法论角度对经济理论前提假设的设立提出了某种阈值的限定。一方面，经济理论需要抽象出某种关键性的前提假设，进而以这些前提假设为基础进行精密化的逻辑演绎，并得出最终的逻辑推论；另一方面，相对于真实世界中的经济现象，这些前提假设也不能过于抽象化或游离，否则就难以合理的解释并预测经济现象。

二、对经济学体系的元建造进行必要的引导与修订

经济学体系的元建造在这里指的是经济学整个体系，乃至各个经济学流派在创造所有经济理论之前所共同承认的某些先验性公理、假定及价值取向等。例如，完全理性假定、经济人假设、完全信息或非完全信息、价值中立等都属于经济学的元建造，这些元建造是所有经济学理论建立的公理或定理，其正确或合理与否并不能进行自证，当然更不可能用其所衍生出的经济理论来证明。西美尔（1900）曾这样说道："任何一个研究领域都有两条界限，在这两条界限上思想运动不再精确且进入了一种哲学形式。认知的普遍前提条件，像每个特殊领域中的公理一样，不可能在认识领域之内把对前提条件的描述与检验转换成一门更为原则性的科学。此门业已被置于无限之中的科学的目标就是：不带前提去思考——这也是为各门具体科学自身所拒绝的一种目标。因为具体的科学如果没有根据，也就是说没有实质性、方法论性质的前提的话，将寸步难行。哲学就是描述与检验这些前提条件，它本身也不能彻底地超越这些前提条件。"

经济学的元建造属于对现实世界的某种抽象化处理，唯有经济哲学才能帮助经济学者看清整个经济学世界建立之前就已经开始的相关抽象过程是如何展开的，也唯有经济哲学才能突破常规经济学研究的类似局限性。经济学研究不能离开抽象，否则经济学者将无法从千千万万的信息中捕捉和把握所谓"关键信息"来描述出经济现象的运动态势；但同时经济学研究也应该借助哲学之眼对相关抽象的建立保持足够的警觉，避免迷失于自身所创造物之中（张雄，2003）。

三、不支持"价值中立"原则成立

在经济学的诸多元建造之中，"价值中立"原则就存在较大争议。之所以说"价值中立"原则是经济学的元建造，乃是作为社会中的人在被纳入在经济学分析之后几乎被完全剥夺了天然具备的动机与价值取向。

对伦理道德问题的忽视，也直接导致了经济学对经济问题和经济现象解释能力的低下，例如，现代数理经济学不能完全解释现实生活中诸如"囚徒困境"之类的问题，而在严格遵循利益最大化的理性人假设前提下推导出的"有限博弈模型"的相关结论屡屡被现实所证伪。因此，许多经济学家开始对传统经济学中的苛刻假设进行反思，这种反思一方面，导致部分经济学家在研究经济问题时，开始逐渐放松"理性经济人"的假设，转而寻找经济行为的心理学基础，行为经济学和实验经济学应运而生；另一方面，部分经济学家开始转而关注伦理道德问题，试图恢复经济学与伦理学的对话，这其中阿玛蒂亚・森（Amartya Sen）、约翰・哈萨尼（John Harsanyi）以及肯・宾默尔（Ken Binmore）等做出了大量贡献。

经济哲学非常重要的一项任务就是要对"价值中立"原则进行某种层次的批判，帮助纯粹的经济人或完全自利的经济人回归到真实世界中，部分复原其固有的人性动机与价值理念（宫敬才，2012）。经济哲学，也唯有经济哲学才能为经济学研究的价值判断层面等元建造提供合理有序的引导与修正（蔡灿津，1997）。

对于经济哲学如何帮助经济学恢复某些重要的价值要素，经济哲学的分析方法必须考虑人类的真实动机和行为，对经济学分析工具的模拟化和简单化进行真实复归和修复，使那些只被侧重经济学分析中矛盾的单一方面的情况恢复到它在真实世界中矛盾运动的原状。主流经济学普遍接受罗宾斯的观点，坚持经济学不考虑人类行为的目的，重在研究一系列事物之间的关系，关系的一方是人类行为的目的，另一方是技术和社会环境。然而，对含有价值判断和道德倾向的目的的排除，必须由另外一些东西填补。经济学理论的作用是一种基础性的分析和支撑，其他一些重要因素就必须依靠经济学范围以外的东西来说明。各种矛盾范畴会在一定条件和运行过程中找到对立统一之处，在一对一命题相反的二律背反中求得一个合理的认识（张雄，2001）。除了矛盾范畴的分析外，经济哲学对矛盾的综合分析还体现在归纳逻辑与演绎逻辑、实证分析和价值判断的综合应用中。逻辑实证主义者首先广泛地说服社会科学领域，然后让学界相信"事实"与"价值"尖锐地对立的有效性和不可或缺性，他们对价值或评价的本性没有进行严格的考证，仅仅视狭隘的经验主义为"事实"本性，认为价值判断不可能成为客观真理并得到客观保证。经济学预设下的模型对现实的解读至关重要，要消除不包括在经济学预设之中的却存在于现实世界中的干扰因素是不切实际的。将经济学或者被任何一门学科排除掉或者简单化处理的因素提出来重点讨论，这也是经济哲学的功能之一（窦莉梅和赵明强，2010）。

第三节　经济哲学对普惠金融理论发展的指引

第二章已经论述了普惠金融理论现在还没有能力超越新古典范式而成为一种独立的金融学研究范式，一个重要的表现就是目前普惠金融相关研究尚未建立起核心的理论模型。如果借助经济哲学的视角来看，其原因无外乎以下两点：

一、未提炼出经济模型的三大要素

对于所有标准的经济模型而言，外在制度与环境约束、行为人的目标函数及行为人的资源禀赋约束可以称得上是三大基本要素，具备了这三大基本要素就可以进行严密的逻辑演绎，得出行为人行为选择的准确判断。相对于其他社会科学而言，经济学的魅力，乃至美丽都源自其精确和简洁，而这些都始于三大基本要素的精确描述。为什么数学，尤其是高深的数学方法能够在经济学中大行其道，就是因为数学乃是最为严密的形式逻辑，数学工具和方法能够帮助经济学者精确描述三大基本要素的状态值，并在此基础上进行无误的逻辑推演。这是经济哲学对所有成熟经济理论的基本要求。但是反观目前普惠金融理论研究者并未对外在制度与环境约束、行为人的目标函数及行为人的资源禀赋约束这三大基本要素的基本界定完成比较精细的统一化。

（一）外在制度与环境约束

外在制度与环境约束可以视为普惠金融活动参与者或潜在参与者追求最大化收益（此处最大化如何界定并非仅指收益，尤其是货币化收益的最大化）的基本约束。但是不同地区，乃至不同国家由于历史、政治、文化和经济发展的路径差异巨大，针对普惠金融基本理论内核以及理论保护带的外在制度与环境约束如何精确的界定，最起码在这个问题上，普惠金融理论研究者目前并没有提交令人满意的答案。

（二）行为人的目标函数

仅就目前普惠金融实践所追求的相关目标来看，普惠金融意图帮助社会大众实现金融资源获取机会的均等化，这就已经完全超出了一般金融学或经济学理论的基本目标诉求。如何定义行为人的目标函数就成为一个比较有意思的问题。在普惠金融实践活动中，正规金融机构面对的交易对象乃是缺乏抵押物和稳定现金收入的社会低收入群体，如何描述各方的风险偏好，如何刻画金融机构和交易对象对未来收益的折现系数都是比较现实且亟待解决的理论问题。

（三）行为人的资源禀赋约束

行为人的资源禀赋约束如何来界定，也是当前普惠金融理论研究者未能很好完成的作业。对于某些社会低收入群体来讲，其可以进行抵押的有形资产非常有限，他们拥有潜在的现金流，或者说某些能够被货币化的资源如何来刻画都是很大的问题。比如贫困家庭之间的自发相互救助就是依赖于彼此之间的信任，对于缺乏其他物质财富的贫困家庭而言，我们可以说这种信任是具有一定货币化价值的，这就是为什么尤努斯的小额信贷能实现商业化运作并长期存在的根本原因。但如何来清晰界定这些资源是摆在普惠金融理论学者面前的难题之一。

二、尚未对模型元建造等要素进行清晰界定

（一）未对新古典范式的完全理性假定做出有实质性的修正

作为任何成熟经济模型而言，理性假定或理性假设绝对是不可回避的基本元建造。从经济学方法论角度来看，普惠金融的相关理论与实践活动并未对新古典范式中金融市场上的行为主体完全追求自利的理性假设进行任何指谪，当然也就没有更多批判可言。这个问题对于普惠金融的意向推动者来讲是就近似于某种"元建造"，这个元建造不能得到有效解决，极有可能将阻碍甚至是断绝普惠金融理念的真正实现。

目前来看，普惠金融研究者这里有两个选择：要么是沿用新古典范式中追求利益最大化的假定，要么是重新定义一种理性假设。如果是沿用新古典范式利益最大化的假定，那么谁来构造，又如何构造相关的制度约束使得各方参与者有动力来达成普惠金融的相关目标诉求；如果是重新定义一种理性假设，那么在短期内这样一种粗暴的假定又会脱离现实，并最终导致相关理论对现实的解释和预测能力出现较大偏差。显然，普惠金融理论工作者并没有做完，更没有做好这道选择题。

（二）未对完全信息以及信息对称等概念进行清晰取舍

完全信息假设即普惠金融供求双方在完成交易前后彼此互相知道一

切交易所涉及的重要信息，即双方都掌握了所有能够影响决策的重要信息。在普惠金融实践活动中，信息不对称主要是指普惠金融供求双方所掌握的足以影响交易的关键性信息存在不对等的情况。完全信息和信息对称假设显然在普惠金融实践活动中并不存在，且只要普惠金融理论沿用完全信息和信息对称假设，我们甚至可以直接判断这样的理论是没有多少实际价值的，因为普惠金融实践活动中，正规金融机构必定是无法准确判断每一笔具体业务究竟属于何种的风险—收益结构，尤其是在对方缺乏抵押物和稳定收入现金流的情况下。因此，真正有价值的普惠金融理论，其模型的元建造必定是绝缘于完全信息和信息对称概念的。但目前，鲜有学者，尤其是学者团体来明确倡导这一点。

第四节　基于经济哲学视角构建普惠金融的核心理论

基于上面的分析，从经济哲学的视角可以看到普惠金融之所以尚未形成核心理论主要源于两个方面的问题：一方面，未提炼出经济模型的三大要素；另一方面，模型元建造中某些基本假定，如完全理性、信息对称等没有得到清晰界定。本书不否认截至目前为止已有相当多关于小额信贷方面的文献建立了很多的经济模型，但正如之前所提到的那样，这些经济模型本质上还是在新古典金融研究范式下的一种理论探讨，与建立完善的新研究范式还有不小的差距。至于经济学"价值中立"原则由于与经济伦理部分的讨论有重复则省略。下面就基于这两个方面的问题展开讨论：

一、普惠金融核心模型三大要素的界定

对于普惠金融核心模型而言，外在制度与环境约束、行为人的目标函数及行为人的资源禀赋约束这三大要素的精确界定不可或缺。

（一）外在制度与环境约束

外在制度与环境约束是行为人进行经济活动，做出经济决策的基本背景。外在制度与环境约束设定的重要性不言而喻，结合之前从方法论角度对经济理论前提假设限定阈值的讨论可以知道，任何经济理论的基本假设前提都需要在抓取所描述经济问题主要特征的前提下尽量进行抽象性的简化，从而达到既可以相对准确刻画经济问题的本质又可以较为方便的分析（弗里德曼，1970）。对于普惠金融核心理论的建立也应遵循上述原则，一方面相关假设的提炼应该能够很好地描述正规金融机构，以及之前被正规金融机构排除在外的行为人，即社会低收入人群、小微企业所面对的外在制度与环境约束；另一方面相关假设应该尽量简化而容易被数理工具所模拟。除此之外，考虑到建立起来的普惠金融核心模型还应该作为基本理论架构平台，该平台可以方便地调整（比如增加约束或修改为其他约束）基本假设，以更好地描述和阐释其他普惠金融实践类型，由此需要相关的外在制度与环境约束应该尽量清晰而简约。

根据上面的论述，可以考虑将普惠金融核心模型的外在制度与环境约束设定为政府的长期效用函数，而社会公众的满意率或者是贫困人口比率等都可以成为政府长期效用函数的主要自变量。另外，税收政策、社会征信体系都可以作为其他外在制度与环境约束纳入核心模型之外的扩展模型。

（二）行为人目标函数设定

凡是能影响到普惠金融实践发展环节的经济主体都是普惠金融核心模型所研究的行为人。因为普惠金融理念强调开展相关业务的主体应该是正规金融机构，而全体社会民众都应该被纳入正规金融体系，因此正规金融机构、社会的低收入人群、小微企业乃至政府都应该算作核心模型的行为人。当然政府也可以排除在行为人之外，因为政府制定相关政策，而相关政策可以视为行为人所面对的外在制度与环境约束。行为人的理性假设所对应的目标函数设定中对于正规金融机构来讲应该体现其对风险控制及其对业务收入现金流稳定性的重视程度，对于普惠金融需求方来讲应该体现其对风险的重视（以数学语言来讲，即在期望不变的前提下追求尽量小的方差，因为从边际效用递减角度来看，低收入群体或小微企业对收入的稳定更加看重）。

（三）行为人的资源禀赋约束

经济学之所以被称为社会科学王冠上的明珠，其特点就是精确性。而精确性的特点乃是建立在行为人理性假设精确性和外在约束精确性的前提下。前面已经讨论了外在制度与环境约束以及行为人的理性约束，现在讨论一下行为人的资源禀赋约束。这里从普惠金融的供给方和需求方两个方面来讨论：

1. 普惠金融供给方的资源禀赋约束

正规金融机构作为主要的普惠金融供给方，其资源禀赋约束设定应该体现为一定数量的资金额，且这部分的资金拥有较为稳定的预期利润率水平。而对应的利率水平则表现为利用这部分资本开展普惠金融业务的机会成本。正规金融机构开展普惠金融业务的预期利润率与其机会成本之间的差额究竟有多大数值并不能随便确定，但这个差额应该比较明显，而且这个差额对于政府制定普惠金融扶植政策具有重要的参考意义。

2. 普惠金融需求方的资源禀赋约束

普惠金融需求方的资源禀赋约束应该很好的体现低收入人群和小微企业缺乏抵押物品、收入现金流变动程度较大的特点。当然也可以设定普惠金融需求方拥有某种程度的资本存量，以代表其存款及各类资产。而这部分资产的预期收益率水平与需求方参与到普惠金融业务之后的预期收益率应该存在较为明显的差距。这种差距一方面体现了普惠金融的优势所在；另一方面也隐含说明了信贷配给等类似金融现象的存在。因为虽然理论上可以获得更好的预期收益率水平，但普惠金融的需求方并不能以合宜的价格获得相关的金融服务和产品。

二、普惠金融核心模型的某些基本假定

（一）行为人的理性假设

正规金融机构的理性假定是否仍然服从主流新古典经济模型追求个人私利最大化假设需要重点探讨。在第三章我们已经论述了如果正规金融机构仍然只追逐自身利益最大化，则即使政府出台税收优惠、建立有效的征信系统，普惠金融实践对当前金融体系的冲击可能仍然会非常局限，因为正规金融机构处于自身利益的考虑一定会拒绝相当比例的普惠金融业务申请，当然在没有足够利益驱动的前提下也更没有动力主动开展普惠金融业务来惠泽低收入人群和小微企业。虽然可以很清楚地知道，要改变整个社会的价值取向是个多么宏大且艰巨的工程，但就像不能放弃对人类终极自由和社会持久繁荣等终极目标的坚持那样，对社会伦理道德教育和价值观教育不能忽视和流于形式，因为这个问题的解决乃是普惠金融能否真正实现的关键一环。

笔者认为至少在短期内，沿用新古典模型的利益最大化假定，但这种最大化假定可以参考哈萨尼的间接功利主义的思想，同时在实践上由政府来引导普惠金融的参与各方认识到各自利益存在巨大的重合性。在长期中，社会伦理道德教育和价值观教育深植于社会大众和社会组织目标函数之后再进行具体的调整。

值得注意的是，对完全理性假定的修正也是回归金融学乃至经济学"价值非中立"的关键一环，而这也可以看做是普惠金融学者对经济哲学的一种致敬。

（二）完全信息与信息对称假设

我们要建立普惠金融的核心模型，所建立起来的模型应尽量体现出类似"平台"性质，即核心模型的相关假设应尽量抽象化，在对这些假设的修正与强化之后所建立起的新模型就构成了核心模型的理论

体系或理论保护带。抽象化或平台化当然是我们建立普惠金融理论核心模型比较看重的一点，但我们必须要同时兼顾核心模型对现实的良好解释能力。

笔者认为理想的普惠金融理论核心模型应该舍弃完全信息假设的同时保留信息不对称假设。由于金融的本质就是在不确定性条件下对资源进行增殖配置活动，特别是普惠金融实践活动中的信息不完全状态更加普遍，因此保留完全信息假设会严重扰乱和降低相关模型的解释能力，完全没有必要。信息对称假设则可以保留，因为在理论上我们可以通过相关的一系列制度设计来无限接近信息对称的状态，比如强大有效的社会征信系统，针对败德行为严厉的惩处等。放松信息对称假设之后的理论构建也完全可以成为核心模型的保护带。

第五节　小　　结

普惠金融的理论研究尚未发展为新的金融研究范式，本章通过经济伦理与经济哲学视角对普惠金融的某些元建造问题进行了较为深入的探析。不论是从经济伦理还是从经济哲学视角来看，普惠金融都不应回避击破主流新古典金融研究范式中所提倡的"价值中立"理念，而努力从理论高度和实践层面来讨论与建设新的金融发展观，促进金融发展回归价值理性；与此同时，在发展普惠金融时，也不能完全走向另外的极端而彻底否定工具理性的工具意义，充分发挥商业化运作的优势，以此实现普惠金融发展的可持续性发展。要真正将普惠金融理论提升至新的金融研究范式高度，则不可能不建立起普惠金融的核心模型，而核心模型所具备的三大假设要素与隶属于元建造层面的理性假设和完全信息假设都应该认真而精确的加以夯实，本书在这方面做了一些初步的探讨以期抛砖引玉。

第六章

普惠金融范式的建立与
发展路径设计

　　标准经济学范式包含了信仰、价值和技术三个层次的范畴。正如第二章所论述的那样，目前普惠金融理论研究不论从哪个视野来观察都未达到范式的基本要求：在信仰层面，目标缺失使得普惠金融尚未形成科学共同体，而科学共同体则是某一范式基本的创立者和拥护者。缺乏科学共同体也意味着普惠金融并未在金融学界获得足够的重视，更遑论重大影响；在价值层面，普惠金融理论研究缺乏明晰统一的价值判断，并未对"价值中立"原则提出任何有力的批判，而"价值中立"原则不被打破，则传统新古典金融研究范式有关彻底自利的理性假设就不能被撼动，由此构建起合理的金融企业伦理价值观念也就无从谈起，普惠金融对于金融实践环节的影响势必相当局限；在技术层面，普惠金融并未构建起基础或核心理论模型。这也是普惠金融理论发展到今天最为尴尬的一点，如果连具有基础平台性质的基本模型也未建立起来，只能说明这个领域的研究尚处于初级和松散的状态。

　　有鉴于此，本书第三章至第五章分别从信仰、价值和技术三大视野对普惠金融理论进行剖析与衡量，标定其与成熟范式之间的差距与不足，而后对普惠金融理论研究今后发展提出了具有针对性的建议。本章即是假定相关建议得到认真对待和处理的前提下，尝试建立普惠金融理论研究的范式并设计普惠金融实践层面的发展路径。为更好地帮助读者把握相关逻辑思路，现对第三章至第五章的基本结论与建议进行如下简略的总结。具体如下：

第一节 基于范式信仰、价值和技术三大 视野对普惠金融内涵解析的归纳

在讨论普惠金融发展路径之前，有必要对基于信仰、价值和技术三大视野对普惠金融内涵及理论发展现状的解析进行梳理与归纳。具体内容如下：

一、基于信仰视野对普惠金融内涵解析的归纳

（一）普惠金融的基本理念属于扩张式金融民主

不论是从概念层次、体系构建、实践范围，还是到发展目标的扩充弹性来讲，扩张式金融民主完全涵盖了当前普惠金融的基本理念诉求，而普惠金融则属于某种特殊类型的扩张式金融民主。当然这并不排除未来随着普惠金融理论与实践的发展，普惠金融的内涵范畴可能突破扩张式金融民主而进入深化式金融民主层次。

（二）金融民主导向下发展普惠金融所应遵循的准则

金融民主能够为普惠金融发展提供两个层面的指导：最终目标和阶段性目标。首先，金融民主化的最终目标是为了促进人类社会自由、平等和繁荣的发展，因此三大目标理应成为发展普惠金融所应遵循的准则；其次，普惠金融作为扩张式金融民主的重要实践途径，理应为了进一步发展和推进深化式金融民主做准备，因此在开展普惠金融过程中应该要注意为下一步推进深化式金融民主奠定扎实的前期准备。因此在金融民主导向下发展普惠金融应遵循如下准则：

1. 注重平等

普惠金融必须有助于增加民众在同等条件下获得相同金融产品和服务的可能性；普惠金融教育活动应该能够促成全体民众掌握现代金融理念和理论知识储备的平等。

2. 注重长期和整体利益

普惠金融应该能够促成金融市场供求双方形成一种良性的循环发展模式：正规金融机构通过向低收入人群和小微企业提供金融产品和金融服务，帮助他们重组了资源禀赋并获得了持续稳定的现金流；反过来，低收入人群和小微企业收入的改观也使得正规金融机构获得了合理的商业盈利水平。也就是说，普惠金融的开展促成了金融市场供求双方福利水平的帕累托改进。

3. 组织和带动民众的积极参与

发动和组织更多层次和种类的人群和企业共同参与到普惠金融实践活动中，比如商讨和创新普惠金融的贷款方式、还款方式、信用担保方式乃至团体协作互助方式等，将会有力地促进普惠金融相关实践的开展。

4. 注重法律法规制定的前瞻性

具备前瞻性的金融法律法规不仅明确界定金融体系内的机构和个人所开展金融活动的合法范围，并为相应的合法行为提供了法律依据和保护，更要结合普惠金融体系发展趋势，为金融创新，包括金融机制和金融工具的创新提供了想象和发展空间。

二、基于价值视野对普惠金融理念解析的归纳

经济伦理概念在研究经济与伦理相互影响及作用关系的同时，帮助经济组织乃至整个社会在重视价值理性的前提下发挥工具理性。作为正规金融体系从理念到实践各个环节解构之后的重建，普惠金融的概念可以界定为正规金融机构乃至整个正规金融体系在坚持价值理性的硬性约束下合理追求工具理性的一系列理念及实践活动的综合。从

经济伦理视角切入和审视，可以挖掘出普惠金融内涵属性应包含以下六个方面的内容：

（1）普惠金融坚持以价值理性作为内涵核心。普惠金融的开展应该首先服从社会普罗大众对公平、正义、自由与繁荣的信仰与追求这个核心原则。

（2）普惠金融内涵并不完全排斥工具理性。忽视了正规金融机构对工具理性的合理诉求，任何普惠金融的实践活动都不能实现可持续发展，因此也就不能长期的奉行价值理性。

（3）普惠金融应重视价值理性与工具理性融合发展的机制研究。普惠金融强调在重视价值理性的前提下尊重正规金融机构乃至正规金融体系对工具理性的追求，具体可以通过利用间接功利主义分析工具来揭示普惠金融所能带来的互惠关系与强化全社会的伦理价值教育两种方式来实现。

（4）正规金融机构是普惠金融的实践主体。普惠金融理念特别强调了要将所有社会民众全部纳入正规金融体系来享受合宜的金融产品和金融服务，这一理念是否得到切实的贯彻完全是由正规金融机构自身来决定。

（5）政府是普惠金融理念引导者与实践规则制定者。政府要倡导和推行普惠金融所蕴涵的价值理性的同时尊重正规金融机构对工具理性的适度追求，主要从经济调控手段来引导正规金融机构，使其自愿加入普惠金融实践中。

（6）民众是普惠金融的重要参与主体。普惠金融的发展与成熟，离不开普通民众金融理念与金融专业素养的提升与积极参与。

三、基于技术视野建立普惠金融核心理论的归纳

基于经济哲学视角，可以尝试从两个方面帮助建立起普惠金融的核心理论：

（一）提炼出经济模型的三大要素

外在制度与环境约束、行为人的目标函数及行为人的资源禀赋约束是所有标准经济模型的三大基本要素。一方面，普惠金融核心理论的外在制度与环境约束应该能够很好地描述正规金融机构，以及之前被正规金融机构排除在外的行为人，即社会低收入人群、小微企业所面对的外在制度与环境约束；另一方面，相关假设应该尽量简化而容易被数理工具所模拟。此外，税收政策、社会征信体系都可以作为其他外在制度与环境约束纳入核心模型之外的扩展模型。在行为人的目标函数设定环节，应该体现正规金融机构对风险控制及其对业务收入现金流稳定性的重视程度，同时也应注意普惠金融需求方对风险的重视。正规金融机构作为主要的普惠金融供给方，其资源禀赋约束设定应该体现为一定数量的资金额，且这部分的资金拥有较为稳定的预期利润率水平。普惠金融需求方的资源禀赋约束应该很好的体现低收入人群和小微企业缺乏抵押物品、收入现金流变动程度较大的特点。当然也可以设定普惠金融需求方拥有某种程度的资本存量，以代表其存款及各类资产。

（二）对元建造中某些基本假定进行清晰界定

本书所讨论的普惠金融核心模型元建造中某些基本假定包含行为人的理性假设和非完全信息假设两个层面。作为普惠金融的倡导者与推动者，政府要对行为人的理性假设有较为清楚的认知：在一定程度上接受完全自利理性假设的同时不能彻底排斥其他非完全自利理性假设的合理性。因为如果正规金融机构仍然只追逐自身利益最大化，则普惠金融实践对当前金融体系的冲击可能仍然会非常局限。有鉴于此，政府对公民个人、各行业及全社会的社会伦理道德教育和价值观教育不能忽视和流于形式。考虑到要建立起来的普惠金融的核心模型应尽量体现出类似"平台"性质，即核心模型的相关假设应尽量抽象化，而信息不对称的非完全信息假设完全可以放在核心模型的理论体系中进行研究，所以普惠金融核心模型可以接受信息对称假设。

第二节　普惠金融研究范式的建立

从基于信仰、价值和技术三大视野对普惠金融理论解析的归纳中，可以看到三个部分结论中有不少具有重合性，需要进一步对这些结论进行整合，从而形成一个完整的元解析框架，之后再以此为基础建立起普惠金融核心模型及实践保障机制，并最终建立起标准意义上的普惠金融研究范式。

通过表6－1，我们可以对新古典范式与普惠金融范式的区别进行较为具体的分析，也就是通过这种比较让我们更加看清楚普惠金融范式的本质内涵与进展。之前提到过范式具有两个基本的特征：（1）范式的内核应该具有足够的解释力；（2）范式的保护带具备足够的弹性和容量。新古典范式基本内核包含完全理性、完全信息、零交易成本、制度空白的基本假设以及边际分析的处理方法。新古典范式的完全理性假设在普惠金融范式中变为主要采用间接功利主义方法对完全理性假设进行放松，这种放松使得普惠金融范式直接摆脱了新古典范式孤立的力学思维模式，而直接进入了普遍联系和有机互动的思维模式，并可以包容与借鉴更多像量子物理、生物学、化学、混沌数学及其他系统性学科的研究思路和方法来纳入普惠金融的研究当中。新古典范式中零交易成本转变为了普惠金融范式当中的非零交易成本，这种基本假设的改变可以直接体现普惠金融实践过程的最基本特征，因为非零交易成本，例如，高额的信贷与相关金融服务审核与发放成本是阻碍正规金融机构向社会低收入群体和小微企业提供金融支持的主要原因之一，没有理由也没有必要在普惠金融的内核模型当中保持新古典范式的零交易成本。普惠金融范式放弃新古典范式中完全信息的基本假设，而选择了非完全信息假设。另外，普惠金融范式中虽然没有放弃新古典范式中制度空白的基本假设，但这并不表明普惠金融范式不重视制度约束，反而是普惠金融范式的保护带中将会大量讨论和增加有关制度约束的内容，因为制度约束将直接改变金融市场上交易双方的行为选择。例如，在小额信贷目前的研究文献当中，有关借款人信用自保制度的研究将依然是普惠金融范式保护带的研究热点之一。另外，有关政府的政策支持，例如，税收优惠措施和全社会征信体系的建立与完善等重要的制度约束变量等都将纳入普惠金融基本模型来进行研究。

表 6-1　　　　　　　　　　新古典范式与普惠金融范式的比较

	秉承世界观	内核				保护带/基本假设的放松	分析方法
		基本假设					
来源	信仰视野	价值视野与技术视野	技术视野	技术视野	技术视野	技术视野	技术视野
新古典范式	坚信金融市场参与主体各自追求自利之合理性	完全理性	完全信息	零交易成本	制度空白	可对除完全理性外其他三项假设进行放松	主要通过边际分析、静态和比较静态分析研究均衡的实现与变化
普惠金融范式	中短期内追求金融公平及经济社会改良，长期实现人类社会的持久繁荣与发展	有限理性，主要采用间接功利主义方法对完全理性假设进行放松	非完全信息	非零交易成本	制度空白	可以对全部基本假设，尤其是对制度空白假设进行放松	强调动态分析，可通过博弈方法，尤其是演化博弈方法等多种方法研究路径演变

可能有不同的声音认为我们所讨论的普惠金融范式并不能称之为一种全新的金融研究范式，而也应该纳入新古典金融范式的保护带，但这种声音并没有意识到普惠金融范式与新古典范式对金融市场内在运作规律的认知体系完全不同，两者差别主要体现在以下三个方面：

一、两者的世界观迥然不同

新古典研究范式信奉经典力学的世界观。新古典范式假定其所研究的金融市场是由大量孤立的原子式的个人和企业组成，各个行为主体按照完全理性原则沿用"刺激—反应"的斯金纳心理反应模式来追求个人的最大化收益，各个行为主体缺乏相互联系与有机作用，类似于一个个的孤立系统。但普惠金融范式则认为并坚信金融市场上的交易者们不断从周围其他人和企业获取信息并调整自身的决策，这种不断学习的性质使得交易者们属于典型的开放系统。因此金融市场的研究对象绝不应该仅仅局限于单个的个体行为，而应转向为个体之间的关系。

二、主要分析方法不同

正因为普惠金融范式认为研究金融市场的重点应该转移到交易主体之间的关系，因此基于完全理性假设的一系列最优化方法就不再应该作为普惠金融范式的主导性分析方法。而另外一种分析方法——博弈论，作为一种互动的决策论，恰恰符合金融市场作为开放系统和复杂系统所表现出的能量和信息的交换特征，因此将成为普惠金融范式的主要分析方法。同时，普惠金融范式所坚持的世界观也会使得相关学者扬弃新古典范式所强调的静态分析和比较静态分析，转而关注过程分析和路径分析演化博弈是建立在动态博弈基础上的理论方法，它源于达尔文生物进化理论，充分体现了生物学中有关物种进化的思想，以个体的有限理性作为分析基础，模拟并解释了群体行为的进化博弈过程：群体内的个体并不能在博弈之初即能找到最优策略，他们通过长期的模仿与改进，即使在某个时刻达到了最优策略，也可能因为其有效理性而再次发生偏移，最终所有的博弈方都会趋于某个稳定的策略。可以预见，普惠金融范式研究侧重点的转变决定了博弈论方法，尤其是演化博弈方法将会大行其道。附录 1 选取了笔者采用演化博弈方法分析土地流转改革对我国农村地区普惠金融的影响，从中可以充分看到演化博弈方法本身较其他常用的分析方法确实存在明显的比较优势：不仅较为精确地剖析了我国农村金融发展滞后的根本原因，而且为土地流转改革的具体操作提供了比较具体的政策指向。

三、普惠金融范式有更高层次的顶层设计目标作为整体运行的基本约束

为方便分析，新古典范式将金融市场上的交易者抽离为价值中立的逐利者，典型的交易者没有任何时空和价值背景，但普惠金融范式却一直认为整个普惠金融的理论研究包括实践活动都是为了促进人类社会的整体进步，以致成就全体人类的终极自由和社会的持久繁荣这些高尚目标。这些理想和抱负不应该，也绝不是某些空洞的目标，而是普惠金融制度设计、理论研究和实践活动切实所遵循的硬性约束。普惠金融在发展的初期遵循扩张式金融民主的原则，不断扩大正规金融体系的包容性使得更多社会民众加入其中而享受到正规金融机构所提供的金融服务来获得平等的发展机会。在基本条件具备的前提下，普惠金融将推动深化式金融民主理念的实行，促进普通社会民众更加自觉和高效地参与到金融市场的运行过程之中，与正规金融机构共同设计和改进中观与微观层面的金融制度和金融服务，甚至参与宏观层面金融制度的设计与改良。

第三节　普惠金融发展路径分析与具体设计

一、普惠金融发展路径的相关设计原则

根据上述对普惠金融研究范式的总结，现对普惠金融实践环节发展路径的相关设计原则进行总结。设计原则具体有整体性原则、可持续性原则、教育先导原则、稳步推进原则以及理论实践相结合原则五大原则。有关这五大原则来源可见表6-2。

表6-2　　　　　　　　普惠金融发展路径的相关设计原则来源

设计原则	整体性原则	可持续性原则	教育先导原则	稳步推进原则	理论实践相结合原则
来源	信仰视野中扩张式金融民主需要金融市场参与各方积极参与合作	价值视野提出有关间接功利主义以及长期通过引导和建立良好的金融企业伦理道德，形成金融企业全新的理性价值判断	信仰视野中扩张式金融民主需要在政府主导下推动金融知识的普及	信仰视野中有关金融民主划分为扩张式金融民主与深化式金融民主两种形式	技术视野与价值视野有关理性假设修正部分相结合

五大原则具体内容如下：

（一）整体性原则

普惠金融要真正得到长足发展，绝不可能由正规金融机构、普通民众（包括小微企业）和政府其中单独一方的力量就能够得以实现，甚至三方中缺少任何一方也无法实现。这是因为正规金融机构和普通民众构成了市场供求的主体，而政府的相关决策与制度设计则是普惠金融供求双方经济决策的基本参考约束。如果正规金融机构缺乏足够的意愿和诚意，则普惠金融实践活动不可能有任何实质性的进展。或者民众和小微企业主缺乏先进的金融理念和足够的金融知识，则其始终会处于相对被动的地位，不可能参与，更遑论配合正规金融机构开展足够深度的金融创新，因此普惠金融发展也势必受到极大的局限。在普惠金融体系当中，正规金融机构、普通民众（包括小微企业）和政府三者的地位并不平等，政府角色处于中心地位，政府是相关理念的引导者、制度的设计者和金融普惠教育的推广者。由此可以想见，缺少了政府积极推动，仅凭市场主体自身力量的推动，普惠金融理念也就仅仅会停留在理念层面。因为缺少外部力量的介入，金融市场不可能有任何根本性的演进。总之，普惠金融的推动与开展离不开正规金融机构、普通民众（包括小微企业）和政府三者中的任何一方，必须坚持整体性原则。

（二）可持续性原则

引入普惠金融理念，推动普惠金融实践就是要利用普惠金融对传统正规金融体系，乃至整个金融体系进行彻底改造，使得改造之后的金融体系能够满足普通社会民众，尤其是低收入群体和小微企业对金融服务的需求。如果不能达到这样的目的，则可以说普惠金融的引入是不成功的。而且在理想状态，我们期望普惠金融对金融体系的影响应该是持续的和深远的，而不是搞运动式或蜻蜓点水式的形象活动。应该说普惠金融只要被引入和推广就一定会对金融市场产生重大的影响，因此关键是要使得普惠金融的开展具有可持续性，只有这样才能够充分发挥普惠金融的影响，使得尽量多的民众和小微企业从中获得最大利益。那如何使得普惠金融具有可持续性就是一个重要的课题。这个课题的实质我们可以换另外一种提法，就是如何让金融市场上的普惠金融交易双方能够出于自身利益考量来从事普惠金融的实践活动。要想达到这样的结果，从经济学方法论角度来分析，只有改变内在理性认知和外在制度约束两个方面。简略来说，在中长期内改变金融企业内在理性认知需要通过间接利他主义理性观来引导普惠金融交易双方，在长期内通过引导和建立良好的金融企业伦理道德，形成金融企业全新的理性价值判断；而由政府制定合宜的制度约束以及提供有效的经济约束来改变普惠金融双方的外在决策约束。

（三）教育先导原则

普惠金融实践活动要得到深入发展，这本身离不开普惠金融交易双方的积极参与与协同配合，而这又需要具备两个方面的要素：一方面是正规金融机构的热情参与与普通民众（包括小微企业）的高效参与。如何要正规金融机构热情参与到普惠金融的实践活动中来，在上面可持续性原则中已经分析，这里不必赘述，但有一点是需要肯定的，即需要政府积极引导和修正正规金融机构的理性认知。另一方面是普通民众和小微企业主如何高效参与到普惠金融中来，这本身就需要普通民众和小微企业主具备较为先进的金融理念和完善的现代金融知识，可以说这些知识储备是他们能够真正深入参与到普惠金融实践活动的基本前提。相关知识储备获得确实需要普通民众具备较高的主观能动性，只有他们真正认识到了这些知识储备的重要性，他们才愿意支付金钱和精力来获取这些知识。而这就同样需要政府持久和有效地开展金融普惠教育：一方面营造热烈的氛围，让普通民众认识到现代金融理念与知识的重要性；另一方面为普通民众提供公益及半公益性质的金融专业知识培训。这种类似的培训非常有必要，因为完全靠民众自动自发地学习，可能由于金融学知识进入门槛较高导致他们自学效果较差，比如只能理解片面或不系统的知识点，遇到有难度的金融知识则无法理解，也就更谈不上具体的应用。因此政府应该尝试提供一篮子的金融普惠知识培训项目，充分利用网络、公益机构、公益课堂、半公益性质专题讲座等形式来满足民众对现代金融知识多种多样的需求。

（四）稳步推进原则

普惠金融发展在具体落实时，一定要注重遵循稳步推进的原则，不能脱离现实条件的约束，否则就有遭受挫折的可能。普惠金融之所以坚持稳步推进原则，是由几个方面原因所决定：一是金融民主发展可以分为扩张式金融民主与深化式金融民主两个阶段，而当前普惠金融的主要理念属于扩张式金融民主，因此普惠金融也要按照这两个阶段的划分而逐步推进；二是任何社会经济现象的发展状态通常会表现出后后的状态要受到前前状态的影响，即两个不同的分阶段之间绝非相互独立而是表现出紧密的相关关系，借用新制度经济学的语言来讲即路径依赖。路径依赖是客观存在的，具体到普惠金融发展进程来讲，物质基础和知识储备都是不可忽视的重要客观存在。要实现普惠金融的持续、快速和健康发展，绝对不能忽略之前金融市场供求双方知识和经验的储备和金融基础设施的存量情况。只有在充分了解并客观评估和运用相关存量的前提下，政府才可以制定出高效的制度约束与经济激励举措切实推动普惠金融的持续发展。

（五）理论实践相结合原则

普惠金融的提出与推动，在人类经济和金融发展进程中从未有过，属于开创性的事件，很多棘手且重大的问题势必会出现在普惠金融实践活动中。并不能因为普惠金融是一种新鲜事物，我们在推动相关实践活动时就可以以此为借口来搪塞失误、过错乃至是严重错误。我们完全有能力，也应该有信心在坚持理论与实践相结合的原则前提下，有力地推进普惠金融的发展。坚持理论与实践相结合的原则具体表现在以下两个方面：一方面，在间接功利主义指导下，普惠金融业务供给双方的相互关联性的研究。借助间接功利主义思想的指导，对普惠金融交易双方的互利共存关系进行清楚的探讨与量化，对于提升金融机构特别是正规金融机构积极投入普惠金融实践业务活动有重大意义。因为间接功利主义的思想和分析方法将会极大地摧毁新古典金融研究范式中完全理性假设，并重新构建起一种全新的盈利分析函数，这将在很大程度上改变正规金融机构的预期收益，从而在相当大的程度上改变整个金融市场的运行状态；另一方面，普惠金融实践活动在具体开展时，一定会出现某些代表性的问题和事件，从这些实践素材中提炼理论问题，即从个体到普遍，从具体到抽象，很有可能不断提纯出众多的理论课题及相关结论，在此基础上不断探讨政府的角色定位和政策设计，从实践中来，再回归到实践中去，这种循环往复的理论与实践相结合非常有理论意义和现实意义。

一、普惠金融实践发展路径分析与设计

基于以上基本原则，现对普惠金融发展路径进行初步的理论设计，如表6-3所示。

表 6 – 3　　　　　　　　普惠金融实践发展路径的具体设计

行为人 ＼ 时限	普惠金融发展路径的不同阶段		
	扩张式金融民主		深化式金融民主
	短期	中长期	长期
正规金融机构	不断扩大金融体系的包容度	各类金融创新：包含产品创新和服务创新	具备优良的社会与企业伦理价值观，有足够的主观意愿与各方力量协作，通过金融手段实现社会的长久繁荣
普通民众与小微企业	积极接受现代金融知识和理念	主动融入微观和中观的金融创新中	具备了良好的金融知识储备，并有足够能力参与到中观，乃至宏观的金融系统运作的再造
政府　针对金融机构	税收优惠、财政补贴与政策担保	间接功利主义课题的研究与成果推广；鼓励创立各类新型金融机构；高效的征信体系；有广度和纵深的金融基础设施的建立	引导与塑造高尚的社会与企业伦理价值理念；引导与促成各方对金融体系的良性改进；建立完善而富有前瞻性的金融法律法规体系
政府　针对民众	金融知识的普惠教育	积极引导和提升民众的金融参与度	

　　表 6 - 3 之所以如此设计，是因为整个普惠金融市场参与主体大致可以划分为正规金融机构、普通民众与小微企业以及政府三方，正规金融机构是普惠金融的供给方，而民众则是普惠金融的需求方，政府则是影响供求双方决策约束环境最重要的制定者。金融民主可以划分为扩张式金融民主与深化式金融民主，而目前普惠金融则基本可以囊括在扩张式金融民主范畴。扩张式金融民主与深化式金融民主两个阶段划分的标志在于政府是否顺利完成良好社会与企业伦理价值理念的塑造，以使金融企业的理性假设得以从追求完全私利转向在保持合理商业利润的前提下最大限度促进经济社会走向持久繁荣进步。扩张式金融民主之所以分为短期和中期两个阶段则是看政府是否引导正规金融企业完全以间接功

利主义角度来看待自身利益最大化，在此引导实现之前，普惠金融实践层面主要是注重金融公平的实现，即在符合商业利益的前提下如何最大限度促进社会弱势群体以合理的价格获得合意的金融产品和服务。当正规金融企业完全接受并习惯于以间接功利主义来实现自身利益最大化时，则此阶段的普惠金融实践活动更多地表现为金融市场各参与主体积极协同参与到各类金融创新活动中以实现多方共赢的局面。

下面我们分别就扩张式金融民主（包含短期和中长期）和深化式金融民主两大阶段的普惠金融发展路径进行具体阐述：

（一）扩张式金融民主阶段

1. 短期

在短期中，由于政府意识到正规金融机构完全理性假设支配下的利润最大化行为会持续下去，所以政府针对正规金融机构采用经济杠杆来修正其决策行为。税收优惠、财政补贴与政策担保都是政府可以考虑的工具篮子。具体来讲，政府可以利用税收优惠措施，对开展普惠金融的金融机构进行激励，可以考虑的举措有：根据普惠金融业务占比多少这一指标，对金融机构的整体营业税率进行下调，或者仅仅对正规金融机构所开展普惠金融业务相关应纳税项目进行税率下调；财政补贴措施是政府对开展普惠金融业务的金融机构进行适度的经济补贴，相关资金由政府财政资金进行转移划拨。因为缺少抵押品、信息不对称等原因，正规金融机构不愿开展普惠金融业务也属理性行为，若开展之则势必会降低资金的使用效率和预期收益率水平，因此政府采用财政补贴方式填平这部分收益差额，就会调动正规金融机构开展普惠金融业务的积极性。同样，政府设计并成立相关的普惠金融担保公司，由担保公司来为正规金融机构要开展的普惠金融业务的本金与利息进行担保，也会较大程度上促进正规金融机构的主动性和参与程度。

低收入人群和小微企业未能被正规金融体系吸纳部分原因也是由于其缺乏现代金融理念和金融知识造成的。因此，在短期阶段，政府需要开展金融的普惠教育，对社会公众，特别是低收入人群和小微企业主开展金融知识扫盲，这项工作通常很难在短期见到明显的效果，但却是普惠金融发展各个阶段的基础性要件：先进的金融意识、相对健全的金融知识结构是发展普惠金融对社会各阶层民众的基本要求。普惠金融各个阶段的发展都离不开具备较高金融知识储备的民众参与。可以这样说，在一个民众普遍匮乏金融知识的国家，普惠金融不可能有任何实质性的发展。金融"普惠"教育有助于提高我国尤其是低收入群体的金融素养，为推动普惠金融实践建立起扎实的知识储备。至于具体形式，可以采取各类公众自发组织、政府出资资助的商业宣传活动等形式多样的金融普惠宣传。通过电视、广播、平面媒体、网络、政府信息平台和民众自发参与等形式，多层面、广覆盖、无死角的宣传金融理念和金融知识。最好是政府出台制定类似于民众金融素质发展纲要之类的官方制度文件，来统筹金融普惠教育。力争形成一些专业、高效和持续经营的金融普惠教育机构和企业，在政府专职部门的领导和监督下长期和有效的运转，不断提升所有国民的金融知识储备与金融素养。政府部门除通过电视、报纸、网络等主流传媒传播现代金融知识以外，也可以考虑将金融"普惠"教育纳入我国的职业教育和高等教育体系。

2. 中长期

在中长期的普惠金融发展阶段，政府需要落实一系列重要的工作。

首先，政府要承担起资助有关金融体系间接功利主义课题研究并助力相关成果推广的责任。正规金融机构开展普惠金融业务，将之前被排除在外的社会低收入群体和小微企业列入服务范畴，这些金融劣势群体获得合宜的金融产品和服务之后，也就获得了更多的经济发展机会，而随着他们经济实力的增长，其消费和投资需求也会传导至其他各行业，并最终传导至整个社会，而包括低收入群体和小微企业也会收获一定的回馈。当然在这个增长的无限循环中，金融机构的盈利机会也会得到增长。可以说，正规金融机构仅仅考虑一时一事的成本收益，就无法促成整个增长循环的出现。同时缺少对普惠金融引发的经济增长循环机制的准确认知，可能也会让政府无法站在更宽广的视野来考虑相关问题：第一，毕竟推动普惠金融发展一定会促进整个社会的经济增长，当然也会带来就业和税收的增长。因此，政府一定要花大力气引领和组织有实力的专家研究团队切实搞好有关金融体系间接功利主义课题研究，让金融机构认清开展普惠金融对自身所产生的利益绝不是一种存量，而是一种持续的流量，同时政府要推广和应用相关的研究成果，建立某种利益回馈机制，即能够较为准确地计算出普惠金融开展之后所带来的具有乘数效应的税收增长，从中抽取一定比例来补贴（或者说是激励）开展普惠金融业务的金融机构。第二，政府应积极鼓励与引导创立各类新型金融机构。大型金融机构倾向与大企业与财务健康的企业建立良好的关系。随着银行规模的增加，内部管理层级也更加复杂和僵化，向中小企业贷款的意愿也会随之降低。另外，小银行在关系型贷款技术上拥有比较优势（Haynes and Berny，1999；Strahan and Weston，1998；Berger et al.，2011）。由此可见，不同规模的金融机构对低收入群体和小微企业等金融弱势群体的关注程度也不同。政府应该促成整个金融体系形成良好的金融生态丛林，即鼓励和引导各类新型金融机构的建立，逐步形成服务不同社会阶层、不同发展阶段企业的金融机构竞争体系。这里，政府同样要在充分论证与研究前提下，对不同类型、不同规模和不同业务构成的金融企业制定差别税收。另外，普惠金融作为全新的一种金融发展理念，不仅在实践环节还处于发展的初级阶段，在理论研究层面也还是处于探讨与积累阶段，例如税收优惠政策设计、普惠金融发展指标设计、普惠金融产品或服务的定价以及金融"普惠"教育如何开展等诸多关键性问题还需要不断进行深入研究。由政府部门出资，成立专门的普惠金融学术资助与联系机构与机制，可以侧重考虑对基础与重大研究项目采取招投标形式进行资助与管理，以此保障相关研究的持续性与高品质，从而为普惠金融实践活动提供高效与明晰的理论指向。

其次，政府应该着力建成涵盖并且服务于全体社会成员的低成本和高效的征信体系。高效征信体系的建立主要有两个方面的作用：一方面是极大地降低了普惠金融交易双方的信息不对称程度，帮助金融机构低成本的获得决策所需信息，这将会大大降低普通金融机构开展普惠金融的相关成本；另一方面是征信体系将会对恶意的信用不良者予以极大震慢，因为一旦丧失信用，其对应的成本可能是难以承受的。当前正迅速崛起的互联网金融，其核心竞争力恰恰应该是建立在其低成本且高效的征信系统之上。以2015年6月成立的浙江网商银行为例，其目标锁定在如何能够建立一个新的金融体系，能够支持和服务那些80%没有被服务过的消费者。这家银行的短期发展愿景是在5年内服务1000万中小企业和数以亿计的普通消费者，考核目标也不是资产规模、利润率，而是其所能够服务的中小企业客户数量和消费者数量。浙江网商银行只有APP而没网点和信贷员，放贷由机器和大数据决定而不是人。和传统大型银行所配套的庞大信贷员队伍相比，网商银行的300名员工（其中的2/3为数据科学家）却可以将金融服务覆盖全国。在网商银行，众多业务将由电脑系统和大数据来完成，依靠大数据来获取客户，做风险甄别。在大数据的指引下，放贷者将是机器，而不是人。未来在网商银行贷款，3分钟在电脑上填写并提交贷款申请，1秒钟之内贷款发放到账户，过程中零人工干预。2014年阿里小贷单笔信贷操作成本仅为2.3元，而与此同时不良贷款率为仅1%。巨大差距的背后是互联网金融与传统的金融机构征信体系运行方式的不同：互联网金融，以阿里小贷为例，交易和融资平台合而为一，两者信息共享大大节省了征信成本；而传统的金融机构征信模式则是金融机构单独搜集信息，不仅搜集信息成本高，且所搜集的信息也具有更新不及时和准确度差的弊端。虽然要将互联网金融的征信模式复制到全国地区并不现实，但我们可以考虑由各级政府与各公用事业单位进行广泛的信息共享，例如，司法、行政、工商、环保、金融机构、水务、电网、煤气、热电等众多部门与机构，将涉及城乡居民和企业的信息实现资源的共享，此种汇集与更新大数据的征信系统将大大降低金融机构单笔信贷操作成本和普惠金融的准入门槛。

最后，政府应该建立有广度和纵深的普惠金融基础设施。普惠金融基础设施建设具有公共产品性质，缺少了这些普惠金融基础设施，正规金融机构可能就由于沉没成本过高等原因而放弃大量普惠金融业务的开展，而非之前所主要强调的主观意愿不足等因素。因此，高质量、高密度且能不断通过商业化模式实现自身维护和更新的普惠金融基础建设非常重要，政府需要统筹考虑，究竟是由政府财政直接划拨，还是民间商业资本引入，抑或是两者的相互结合。总之，不管政府采取何种建设模式，一定要确保普惠金融发展能够得到健全高效的普惠金融基础设施建设的强有力支撑。完善普惠金融硬件环境是开展普惠金融实践活动的前提与基础。即使正规金融机构发现可以通过普惠金融实践活动获得良好的经济效益，但是如果考虑到需要先期投入大量的金融基础设施资金，也就是说需要支付高额的进入成本，那么正规金融机构也可能会选择放弃。通过建设良好的通信、邮电、互联网络等普惠金融硬件环境，政府可以大幅降低正规金融机构成本，促进普惠金融业务模式的迅速增长，并在未来一定时间内通过税收的增加来收回投资。

在政府相关政策举措高效完成的前提下，普惠金融在中长期阶段的发展可能也应该出现这样一幅图景：各类新型金融机构不断涌现，不断填补金融体系服务各阶层民众的空白，持续改良金融生态环境；间接功利主义的研究和成果推广使得正规金融机构对开展普惠金融的必要性有了重新认识，加之政府对开展普惠金融业务有足额的补贴和政策优惠，正规金融机构拥有了充足的热情和动力投入普惠金融实践活动中，并且不断推动各类金融创新从而更好地为整个社会提供更加优良的金融产品和服务；而对于普通民众，包括低收入群体和小微企业由于其具备了较为充足的金融知识储备和先进的金融理念，越来越主动地参与到各类金融创新和普惠金融业务之中。

（二）深化式金融民主阶段

在长期中，普惠金融的发展进入了深化式金融民主阶段。要使普惠金融真正进入这一发展阶段，与政府长期和高效的推动与引导工作分不开。在此之前的很长时期里，政府一直在推动三个方面的工作：

首先，政府要积极引导与塑造高尚的社会价值理念。发现并重新遵循价值理性，是普惠金融得以全面和切实落实的基本思想准备。不仅是正规金融机构，全社会各行业都应建立以价值理性为核心的经济伦理观念。而这种理想状态的实现只有在政府主导下，深入且长期坚持不懈地推动相关经济伦理的教育活动，才能将价值理性的观念牢固植入每一家正规金融机构及其工作者的偏好函数之中，并成为其基本的职业操守与根本动机。

其次，政府要引导与促成各方对金融体系的良性改进。政府金融监管部门，要以开放的心胸，积极的心态，主动推进全社会各阶层和各类型主体的金融协商交流平台，集中来自各方，包括学者、金融机构、各阶层民众、各行业和各种规模的企业管理者的意见，共同对金融行业的监管模式、风险管控模式和发展模式进行不断修正，从发展中归纳现象，从现象中发现问题，从问题中推进讨论，从讨论中寻求思路，积极尝试各种类型的金融创新，认真整改问题，及时总结经验，从而实现对整个金融体系的良性改造。

最后，政府要积极建立完善而富有前瞻性的金融法律法规体系。除了建设硬件环境之外，政府相关部门更重要的是要建立一整套能够高效推动普惠金融发展的制度设计，比如相关法律制度的跟进与完善。这些制度设计可以视为正规金融机构开展普惠金融业务的游戏规则，只有建立起合理、公正、高效的游戏规则，才能调动起正规金融机构的积极性与创造性。

进入深化式金融民主阶段后，普惠金融理念彻底得到落实。由于政府长期不断推动优良社会价值观的教育，整个社会包括普通民众和各行业企业追求自利最大化的完全理性思维模式得到了彻底扭转，正规金融机构乃至整个金融体系都形成了一种稳固且有力的主观理性定式，应该协助其他社会公众和组织通过金融交易行为最终实现社会的长久繁荣。同时，由于政府所推动的金融普惠教育长久和持续性的推动，以及普通民众，包括低收入群体和小微企业主在长期的普惠金融实践活动中都积累了足够的金融知识与金融参与能力。这两个前提条件的达成也使得整个金融体系发生了如下的变化：一是普通民众与金融机构能够紧密的协作，持续而深入地开展微观层面的金融创新，使得双方共赢的局面不断得到拓展。双方通过持续而紧密的业务关系，不断探讨金融业务的优化和创造，实现了普惠金融交易供求双方利益在长期中的最优化；二是金融机构之间，金融机构与普通民众之间，不断开展良性的沟通，对金融机构业务运作流程、内部管理流程和金融机构内部管理和控制流程进行持续性的最优化逼近。这个过程类似于开放系统特征，不断从各方吸收建设性意见和信息，通过业务实践活动得到连续性反馈，对金融机构原有的内部和外部业务流程进行改造，即进行中观层面的金融创新活动；三是政府、民众和金融机构三者共同参与，对整个金融行业的发展态势、风险防控和监管体系进行持续性、及时性的关注与修正，使得金融体系最大限度满足普通民众和企业的微观诉求从而为整个社会的持久繁荣做出实质性贡献。

附　录

说明：在本书附录部分收录了三篇论文：一篇工作论文和两篇已发表论文。与本书相关部分进行对照，前两篇论文对所涉及命题的讨论要稍显紧凑，从而有助于读者更好地理解相关内容。在第六章中曾提到，演化博弈方法应该作为普惠金融理论的主要分析方法而受到重视，之所以收录第三篇论文则主要想让读者认识到演化博弈方法在普惠金融理论研究中的确具有明显优势，论文的理论框架及相关结论应该也有助于启发读者对普惠金融基础模型究竟如何构建的一些思考。

1. 经济伦理视角下普惠金融概念的内涵解析

【摘要】欠缺对普惠金融概念内涵的系统性认知，在制定实践环节具体政策时往往会遗漏重要政策参考变量或者曲解变量间的有机关联，从而导致政策效果不理想。本文引入经济伦理概念作为分析工具，重新审视普惠金融的概念本质，剖析并建立起立体化与系统化的普惠金融内涵体系，在此基础上针对普惠金融实践路径具体构建提供了一整套可操作性的政策工具。

【关键词】普惠金融　金融排斥　经济伦理

普惠金融（Inclusive Finance）作为一种全新的金融发展理念最早由联合国在 2005 年提出。2013 年 11 月，中共十八届三中全会审议通过《中共中央关于全面深化改革若干重大问题的决定》（以下简称《决定》),《决定》指出发展"普惠金融"是完善金融市场体系的重要手段。2014 年 4 月国务院常务会议也将在农村地区推进普惠金融作为金融服务"三农"发展的六条措施之一。对于在实践层面如何推进普惠金融的发展,不同学者也提出各自看法。吴晓灵(2013)认为应该对普惠金融的参与主体予以税收等政策上的倾斜①。吴国华(2013)认为在农村地区应该从完善法律法规制度和投资软硬件基础设施,改革农村金融体系和创新金融服务产品等方面着手②。刘萍萍和钟秋波(2014)提出要在我国农村地区建立高覆盖率的农村金融互联网,加强金融基础设施的建设,并且要促进新型农村金融机构的可持续发展③。郭秀全(2014)认为要构筑起金融机构经营理念创新,金融监管适当放宽和优化政府部门环境④。胡文涛(2015)则认为加强国民金融教育、普及金融知识以提高服务对象的金融素质⑤。

从现有文献来看,其间不乏兼具理论指导性与可操作性的政策指向,对于我国普惠金融实践的发展具有重要的参考价值。但从另外一个角度来看,加强对普惠金融概念本质的深度挖掘,在此坚实理论构筑平台的前提下所提出的相关政策建议更会具有某种系统性考量。发展普惠金融在某种程度上讲是对现有金融体系的一种系统性重构。推动普惠金融发展的相关政策建议必须具备类似的系统性思维,否则因为遗漏重要政策参考变量或者曲解了变量间的有机关联,必然会使得相关政策实践的具体效果大打折扣。本文试图从经济伦理角度进一步深度挖掘普惠金融的概念内涵,以期获得对普惠金融概念的系统性认知,再以此为基础

---

① 吴晓灵:《发展小额信贷 促进普惠金融》,载于《中国流通经济》2013 年第 5 期,第 5~11 页。

② 吴国华:《进一步完善中国农村普惠金融体系》,载于《经济社会体制比较》2013 年第 4 期,第 32~45 页。

③ 刘萍萍、钟秋波:《我国农村普惠金融发展的困境及转型路径探析》,载于《四川师范大学学报》(社科版)2014 年第 11 期,第 33~40 页。

④ 郭秀全:《对我国发展普惠金融的思考》,载于《生产力研究》2014 年第 5 期,第 104~106 页。

⑤ 胡文涛:《发展普惠金融需要加强国民金融教育》,载于《金融教学与研究》2015 年第 1 期,第 14~18 页。

对我国普惠金融的实践路径进行具体构建。

一、普惠金融概念的文献述评

就现有文献来看，学者们主要从两个角度论述普惠金融的概念内涵，具体如下：

（一）作为正规金融辐射范围的扩大

克莱森斯（Claessens，2006）认为普惠金融的本质是以合理的成本获得特定质量的金融产品或服务[①]。萨尔马和派斯（Sarma and Pais，2008）认为普惠金融定义是保证经济体中所有成员能够有效享受正规金融产品与服务的过程。[②] 兰加拉詹（Rangarajan，2008）认为普惠金融的本质应为确保弱势群体如低收入者、贫困人群等以可以承受的成本享受金融服务和及时合理信贷服务的过程。[③] 周小川（2013）认为普惠金融是指通过完善金融基础设施，以可负担的成本将金融服务扩展到欠发达地区和社会低收入人群，向他们提供价格合理、方便快捷的金融服务，不断提高金融服务的可获得性。[④]

（二）作为"金融排斥"的对立概念

莱申和思里夫特（Leyshon and Thrift，1995）将金融排斥定义为某些阻挡特定社会阶层或人群获得正规渠道金融服务的行为和过程。[⑤] 康

[①]　Claessens S. Access to Financial Services: A Review of the Issues and Public Policy Objectives [J]. The World Bank Research Observer, 2006, 21（2）：207 – 240.

[②]　Sarma M and J Pais. Financial Inclusion and Development: A Cross Country Analysis [R]. 2008, 10 – 13.

[③]　Rangarajan C. Report of the Committee on Financial Inclusion [R]. Government of India, 2008.

[④]　周小川：《践行党的群众路线　推进包容性金融发展》，载于《求是》2013 年第 18 期，第 11 ~ 14 页。

[⑤]　Leyshon A and N Thrift. Geographies of Financial Exclusion: Financial Abandonment in Britain and the United States [J]. Transactions of the Institute of British Geographers, 1995：312 – 341.

罗伊（Conroy，2005）认为金融排斥的对象主要是贫困人群和弱势群体，该群体难以获得正规渠道金融服务的现象是金融排斥。某些文献认为金融排斥的弱化就是普惠金融的本质。莫汉（Mohan，2006）明确提出普惠金融就是金融排斥相对立的概念。[1] 联合国（2006）对普惠金融提出的定义为：能有效、全面地为社会几乎所有阶层和群体提供服务的金融体系，让广大被排斥在正规金融体系之外的农户、城镇低收入群体和微型企业等都能够获得金融服务。

不论从哪个角度来论述，现有文献对普惠金融概念的理解集中在两个关键的焦点：（1）普惠金融隶属于正规金融范畴，所涉及的金融产品或服务也都是由正规金融机构来提供；（2）普惠金融所辐射的客户群应涵盖某经济社会的所有成员，特别是之前被正规金融排斥在外的低收入人群。

综上所述，目前普惠金融内涵更多地停留在一种新的金融发展理念层次，相关的概念阐述中也很难提炼出更多实践操作层面的指导性原则与方针，而缺失了这些具有操作性和指导性的原则与方针，普惠金融发展实践活动很有可能会表现出某种程度的踟蹰与混乱。相反，如果能够对普惠金融概念进行更为深刻的挖掘与整理，尤其是发掘并建立起普惠金融概念的关键变量系统，就能够帮助我们更好地理清普惠金融实践环节的核心变量之间的关联，并进而找出有针对性和可操作性的解决思路，从而有力推动普惠金融的有序健康发展。

二、经济伦理的概念及理论发展沿革

（一）经济伦理研究的发展沿革

经济伦理研究的雏形最早可以追溯到古希腊的先哲亚里士多德。但直到马克思·韦伯才真正将"经济伦理"作为一个特定概念提出来。经过半个多世纪的研究、探讨和积淀，在20世纪70年代，经济伦理学

---

① Mohan R. Economic Growth, Financial Deepening, and Financial Inclusion [R]. 2006.

作为一门相对成熟的学科终于在美国确立起来。美国的经济伦理学更多倾向于使用企业伦理（Business Ethics）这个概念，不太注重思辨和形而上学层面的纯粹理论探讨，转而特别注重"实践"层面的研究。80年代之后，经济伦理的理念传入欧洲，并逐渐扩展至全世界。欧洲伦理学研究在发展过程中逐渐展现出自己的鲜明特色：（1）主张应同时注重经济伦理理论层面与实践层面的研究；（2）某些专门术语被创造出来并在欧洲范围内较广泛的使用。经济伦理学说在全球范围内被广泛接受之后，与众多学科也开始了接触与融合，经济伦理学的发展与演进也开始呈现出多样化的特点。例如，行为经济学并不延续主流的新古典经济学的理性人假设，而是尝试着探讨"真实的人类"是如何做出决策的。经济伦理也开始尝试从行为经济学的研究方法中汲取营养，并重点考察经济人行为选择时所遵循的道德自律层面。生态伦理、全球经济伦理与解释—批判经济伦理学都是当今经济伦理学研究的主要进展。

（二）经济伦理的概念含义

从经济伦理学目前的发展态势来看，基本可以分成美国和欧洲两大流派，而且两大流派对经济伦理学的一些基本学科问题观点存在明显分歧，因此想要简短扼要地概况经济伦理的概念并非易事。如果尝试从不同层面或角度来对经济伦理进行某种程度的解构，在此基础上再加以梳理与糅合，则可能较好的提炼出经济伦理的概念含义。任何一个学科都有其研究范畴与具体功用，因此我们就从这两个层面来加以剖析。

1. 经济伦理的研究范畴

从语义分析的角度来看，汉语中的经济伦理其实更接近欧洲经济伦理专家所使用的德语词汇"Wirtschaftsethik"，"Wirtschaftsethik"则囊括了经济伦理（Economic Ethics）与企业伦理（Business Ethics）两个词汇而并不特别指向于某一个。乔治（2002）经济伦理学包括三个层次的内容：一是对经济制度的道德评价；二是企业制度内部经营活动的研究；三是对个人及其经济性行为和交易性行为的道德评价。① 2013 年希腊雅典举办的世界哲学大会上，与会学者也达成了类似的共识：

（1）经济伦理（economic ethics）更多指代宏观和微观层面。昂斯珀格和冯·帕里哲斯（Arnsperger and Van Parijs，2000）认为经济伦理属于社会伦理的一个有机组成部分，它的研究范畴主要涉及经济领域的行为模式和机构。科尼尔（Conill，2004）认为经济伦理的概念范畴应该涵盖经济和伦理的关系以及伦理对经济系统的影响。很显然这两种观点都将经济伦理的研究范畴界定在宏观层面。此外，很多持有类似观点的学者研究东正教的经济伦理、佛教的经济伦理、天主教的经济伦理、伊斯兰教的经济伦理。

（2）与此相对应的是企业伦理（Business Ethics）主要讨论中观层面（meso-level）。乔治斯·恩德勒（Georges Enderle）就认为经济伦理发展的动力应该是追求一种"新实践"，特别是强调实践对理论的优先性。②

但不论是经济伦理还是企业伦理，欧美两大流派都是在研究伦理（包括伦理认知或伦理共识）与经济（经济系统或经济组织）之间的相互影响及作用关系。这也是经济伦理（Wirtschaftsethik）的所谓"标准"研究范畴，任何人也不能轻易撼动。

2. 经济伦理的具体功用

奥曼（Homann，1993）指出经济伦理可以解决如下的问题：在现代经济条件下，道德规范和理想如何发挥其功用。席林曾这样规定经济伦理学的概念："经济伦理学是对这样的规范进行学术的论述和发挥，它们使经济的所作所为符合满足需求的相应最近目的，并进一步符合最高目的；这些规范使之可能对经济活动和经济作道德上的评判：它们是否和最近目的及最高目的相一致或者相矛盾。"弗兰彻等（French et

① ［美］理查德·T. 德·乔治著，李布译：《经济伦理学（第五版）》，北京大学出版社 2002 年版。

② Peter. Seele. Discussing "Wirtschaftsethik" With Regard to "Business Ethic" and "Economic Ethics" the Report on a DGPhil Panel at the 23 World Congress of Philosophy in Athens 2013.

al.，1998）则认为经济伦理的作用是"通过激发道德想象、促进道德认识、整合道德与管理、强化道德评价等手段"培养经济主体在决策中的道德推理能力的部分，其目的是澄清和化解经济决策活动中存在的各种利益冲突。

以上两个有代表性的定义都强调了经济伦理应该促进经济体对伦理体系所蕴涵道德观念的遵循。这里我们不妨借用马克斯·韦伯（1904）在《新教伦理与资本主义精神》所率先提出的工具理性和价值理性的概念。在经济社会中，遵循工具理性的经济体通过获得经济利益来证明自身的成功，金钱从获得幸福的手段变成了目的。价值理性则并不坚持结果导向而为自身的"动机与手段"预先设定某种价值信仰。在商业生态中，经济体只有在一定程度上维持工具理性才能保证自身在竞争环境中生存和发展下去。但过度信奉工具理性有可能造成经济体的自利行为产生很强的负外部效应，即己方盈利的同时损害了他人正当的权益，甚至对整个地区和社会造成了严重危害。因此，可以这样讲，经济伦理的具体功用就是帮助经济组织乃至整个社会在重视价值理性的前提下发挥工具理性。

综上所述，经济伦理概念是研究经济与伦理相互影响及作用关系的同时，帮助经济组织乃至整个社会在重视价值理性的前提下发挥工具理性。

三、经济伦理视角下的普惠金融概念体系

建立在完全理性人假设、完全竞争市场假设与"价值中立（non-ethical）"特征基础上的新古典范式不仅回避了规范分析，而且还忽视了人类复杂多样的伦理考虑，而这些伦理考虑是能够影响人类实际行为的。正像阿马蒂亚·森所担忧的那样：随着现代经济学（包括金融学）与伦理学之间隔阂的不断加深，相关学科已经出现了严重的贫困化现象。抛弃古典经济学曾经所关注的伦理纬度造成了经济学元理论的简化，不能回避的是这种简化在促进现代经济学与金融学理论快速发展的

同时也无形之中奠定了工具理性在经济学与金融学理论乃至实践环节中的统治地位。遵循主流经济理论与金融学理论的正规金融机构或正规金融体系在重视甚至是信奉工具理性的前提下，必然会热衷于对利润率的追逐，忽视、抵制甚至是蔑视任何正当社会责任的担当。例如，将低收入人群纳入正规金融体系所服务的客户范围内，轻视价值理性的金融机构通常具有一种惯性思维，在他们看来，这些举措势必会引起利润率的下滑与公司股价的下降，因而这些金融机构往往会立即否决类似的经营尝试。

普惠金融的概念之所以被提出并得到越来越多的热烈响应，在某种程度上讲，恰恰是因为普惠金融理念乃是对当今西方主流经济学与金融学所归属的新古典研究范式的一种反思与纠正。结合本文对经济伦理概念的解析，作为正规金融体系从理念到实践各个环节解构之后的重建，普惠金融的概念可以界定为正规金融机构乃至整个正规金融体系在坚持价值理性的硬性约束下合理追求工具理性的一系列理念及实践活动的综合。具体来讲，可以尝试从以下三个方面理解与把握普惠金融的概念内涵：

1. 普惠金融坚持以价值理性作为内涵核心

普惠金融认为正规金融机构或正规金融体系应该充分认识到自身在确保所有社会民众，尤其是低收入群体获得平等发展机会，削弱社会不平等及根除贫困现象方面具有不可推卸的责任。在具体实践环节，正规金融机构应尽己所能的向社会各阶层的民众提供具有差异化且价格适度的金融产品或服务：在他们对金融产品或服务有需求时，如果其具有相应的支付意愿与能力，则他们的需求都应该得到合理的满足。

2. 普惠金融内涵并不完全排斥工具理性

普惠金融主张要把社会的所有民众全部纳入正规金融体系内部，但普惠金融并不排斥正规金融机构对工具理性的合理诉求。追求合理的商业利润，适度的发挥工具理性的积极作用，对正规金融机构或体系的快速健康发展都有巨大的内在激励作用。反之，若不能获得足量的商业利润，任何形式的金融机构都不能长久的存在下去。忽视了正规金融机构对工具理性的合理诉求，任何普惠金融的实践活动都不能实现可持续发展，因此也就不能长期的奉行价值理性。

3. 普惠金融应重视价值理性与工具理性融合发展的机制研究

普惠金融强调在重视价值理性的前提下尊重正规金融机构乃至正规金融体系对工具理性的追求。如果这个原则得到了良好的落实，则整个社会的金融运行模式及运行效果会发生很大的变化。例如，价值理性与工具理性的有机融合会使得：（1）更多民众加入正规金融体系内部，获得价格合理的金融产品或服务会有助于他们改进自身经济状况，减少社会的贫困水平，并间接改善整个社会的福利水准，而这又成为新一轮普惠金融实践活动的良好开端。这种价值理性与工具理性互为因果的影响机制究竟如何运转，其间又会受到哪些因素的影响都是需要加以研究的。（2）对于微观层面的某个具有代表性的正规金融机构而言，政府如何出台具体的制度设计，让其有动力实现价值理性与工具理性融合也应是重点研究的课题。

基于以上三个方面的阐述，还可以对普惠金融的概念内涵做以下拓展：

4. 正规金融机构是普惠金融的实践主体

普惠金融实践环节的主体是正规金融机构，因为普惠金融理念特别强调了要将所有社会民众全部纳入正规金融体系来享受合宜的金融产品和金融服务，这一理念是否得到切实的贯彻完全是由正规金融机构自身来决定。基于经济理性的计算，正规金融机构必然关注自身利益的实现，只有当普惠金融的实践活动能给自身带来合理的经济利益，正规金融机构才会有足够的激励推动普惠金融的发展。对此政府或金融监管当局尤其要保持足够清醒的认识，绝不能越俎代庖，否则缺乏正规金融机构的积极性与创造性的参与，普惠金融的发展很有可能会仅仅停留在形式层面。

5. 政府是普惠金融理念引导者与实践规则制定者

正如上文所讲，普惠金融其实质仍属于商业金融范畴，正规金融机构在推进普惠金融实践的机会成本不应过高，即开展普惠金融具体业务的盈利率不应低于其他业务。相对于传统的金融发展理念，普惠金融更加注重坚持以价值理性作为金融发展的出发点与落脚点。具体来讲，普惠金融的概念内涵应涉及普及、启发与落实正规金融体系尊重与遵循价值理性。一方面，政府或金融监管当局绝不能以行政手段强迫正规金融机构必须做出某种承诺或姿态，而应该成为引导和推行普惠金融所蕴涵的价值理性，改变正规金融机构管理者的理性偏好，使其自觉参与到普惠金融的实践过程中去；另一方面，政府或金融监管当局应该尊重正规金融机构对工具理性的适度追求，主要从经济调控手段来引导正规金融机构，使其自愿加入普惠金融实践中。

6. 民众是普惠金融的重要参与主体

如果说正规金融是普惠金融的供给方，则所有社会成员，包括低收入人群就是普惠金融的需求方。普惠金融的发展与成熟，离不开需求方金融理念、金融意识与现代金融专业知识认知水平、理解与领悟能力的提升。提及普惠金融的理念与实践，不应仅局限于具体金融产品或服务的交易，还应包括面向全体社会成员的普惠金融教育，此举同样是落实普惠金融理念、推动普惠金融实践发展的前提与必要措施。

四、普惠金融实践路径的具体构建

通过借用经济伦理的概念框架，在重新审视普惠金融概念本质的基础上，剖析并建立起立体化与系统化的普惠金融内涵体系，这就为普惠金融的实践环节提供了坚实的理论支撑与原则指导，进而可以为普惠金融实践路径的具体构建提供一整套可操作性的政策工具。依据上面普惠金融内涵体系的 1 和内涵体系 5 制定政策 1；依据内涵体系的 6 制定政策 2；依据内涵体系的 2、内涵体系 4 与内涵体系 5 制定出政策 3 与政策 4；依据内涵体系的 3 制定政策 5。具体政策如下：

1. 长期推动全社会的经济伦理教育

发现并重新遵循价值理性，是普惠金融得以全面和切实落实的基本思想准备。不仅是正规金融机构，全社会各行业都应建立以价值理性为核心的经济伦理观念。而这种理想状态的实现只有在政府主导下，深入且长期坚持不懈的推动相关经济伦理的教育活动，才能将价值理性的观念牢固植入每一家正规金融机构及其工作者的偏好函数之中，并成为其基本的职业操守与根本动机。

2. 推进面向国民的金融"普惠"教育

先进的金融意识、相对健全的金融知识结构是发展普惠金融对社会各阶层民众的基本要求。金融"普惠"教育有助于提高我国尤其是低收入群体的金融素养，为推动普惠金融实践建立起扎实的知识储备。政府部门除通过电视、报纸、网络等主流传媒传播现代金融知识以外，也可以考虑将金融"普惠"教育纳入我国的职业教育和高等教育体系。

3. 完善普惠金融硬件环境

完善普惠金融硬件环境是开展普惠金融实践活动的前提与基础。即使正规金融机构发现可以通过普惠金融实践活动获得良好的经济效益，但是如果考虑到需要先期投入大量的金融基础设施资金，也就是说需要支付高额的进入成本，那么正规金融机构也可能会选择放弃。通过建设良好的通信、邮电、互联网络等普惠金融硬件环境，政府可以大幅降低相应的进入成本，促进普惠金融业务模式的迅速增长，并在未来一定时间内通过税收的增加来收回投资。

4. 制定和完善能够推动普惠金融顺畅运行的扶植政策与法律制度环境

除了建设硬件环境之外，政府相关部门更重要的是要建立一整套能够高效推动普惠金融发展的制度设计，比如相关法律制度的跟进与完善，税收优惠政策，涵盖全体民众与企业组织征信体系的建立与信息的联网。这些举措可以视为正规金融机构开展普惠金融业务的游戏规则，只有建立起合理、公正、高效的游戏规则，才能调动起正规金融机构的积极性与创造性。

5. 深入开展针对普惠金融理论与实践的学术研究

普惠金融作为全新的一种金融发展理念，不仅在实践环节还处于发展的初级阶段，在理论研究层面也还是处于探讨与积累阶段，例如，税收优惠政策设计、普惠金融发展指标设计、普惠金融产品或服务的定价以及金融"普惠"教育如何开展等诸多关键性问题还需要不断进行深入研究。由政府部门出资，成立专门的普惠金融学术资助与联系机构与机制，可以侧重考虑对基础与重大研究项目采取招投标形式进行资助与管理，以此保障相关研究的持续性与高品质，从而为普惠金融实践活动提供高效与明晰的理论指向。

参考文献：

［1］吴晓灵：《发展小额信贷　促进普惠金融》，载于《中国流通经济》2013年第5期。

［2］吴国华：《进一步完善中国农村普惠金融体系》，载于《经济社会体制比较》2013年第4期。

［3］刘萍萍、钟秋波：《我国农村普惠金融发展的困境及转型路径探析》，载于《四川师范大学学报（社科版）》2014年第11期。

［4］郭秀全：《对我国发展普惠金融的思考》，载于《生产力研究》2014年第5期。

［5］胡文涛：《发展普惠金融需要加强国民金融教育》，载于《金融教学与研究》2015年第1期。

［6］Claessens S. Access to Financial Services：A Review of the Issues and Public Policy Objectives［J］. The World Bank Research Observer, 2006, 21（2）：207 – 240.

［7］Sarma M and J Pais. Financial Inclusion andDevelopment：A Cross Country Analysis［R］. 2008：10 – 13.

［8］Rangarajan C. Report of the Committee on Financial Inclusion［R］. Government of India, 2008.

［9］周小川：《践行党的群众路线　推进包容性金融发展》，载于《求是》2013年第18期。

［10］Leyshon A and N Thrift. Geographies of Financial Exclusion：Financial Abandonment in Britain and the United States［J］. Transactions of the Institute of British Geographers, 1995：312 – 341.

［11］Mohan R. Economic Growth, Financial Deepening, and Financial Inclusion［R］. 2006.

［12］［美］理查德·T. 德·乔治：《经济伦理学（第五版)》，中国人民大学出版社 2002 年版。

［13］Peter. Seele. Discussing "Wirtschaftsethik" With Regard to "Business Ethic" and "Economic Ethics" the Report on a DGPhil Panel at the 23 World Congress of Philosophy in Athens 2013.

2. "民主概念坐标系" 中的金融民主[*]

【摘要】 通过构建包含"深化程度"和"外延扩展程度"两个维度的民主概念坐标系，不仅金融民主的外延与内涵被准确标定，金融民主还可进一步划分为扩张式金融民主和深化式金融民主两种基本类型。这两项工作的完成对于尚处于发展初期阶段的金融民主理论来讲具有一定的导向意义。同时本文认为应严格将金融民主的概念寓意置于经济民主范畴之内，避免其概念过于游移化和宽泛化。

【关键词】 民主　坐标系　金融民主

金融民主提倡通过系统化的金融解决方案，提升和改进金融在现代社会中所发挥的资源配置与风险化解作用，促进人类实现最终的平等和自由的发展。金融民主领域的学术研究并没有达到人们所期望的成熟度，虽然其主要推动者 2013 年诺贝尔经济学奖得主——席勒最近十年来一直致力于相关研究。席勒出版了一系列著作来阐述和提炼金融民主的内涵及演进趋势，但他却一直没有对金融民主作出一个清晰的概念界定。其他学者虽然给出了某些定义，但这些定义却缩略了金融民主的概念外延，与席勒著作中的相关论述存在一定程度的游移。此外，金融民主属于经济民主的范畴，从范式方法论的角度来讲，金融民主的内涵和外延一定要与经济民主乃至民主的概念模式保持顺承关联。因此，要想准确地把握金融民主的核心本质，不仅要汲取金融民主研究领域的现有成果，而且也有必要将金融民主纳入民主概念的模块之下统筹研究。

一、当代金融民主的概念

金融民主（Financial Democracy）概念最早由伊顿（Eaton，1941）

---

* 本文发表于《上海金融》2014 年 11 期。

提出，他认为在美国这个民主社会当中，金融市场的实际运转情况则绝非民主：信贷供给市场的竞争程度要远远小于普通产品市场；大公司的证券承销业务只能由少数特定的银行家来进行操作，其他金融机构则很难涉足。由此他倡导在美国联邦政府应该制定一系列的措施促进金融市场更加民主以保障自由企业制度。然而令人惊奇的是在之后的六十多年里，金融民主概念却再也未有人提及，直到席勒重新扛起这面旗帜。席勒在写作完成《金融新秩序：管理21世纪的风险》这部著作之后开始整理自己的学术思路，并在2003年开始大张旗鼓地宣扬金融民主的概念，在2008年出版的《终结次贷危机》这本书中进行了更深层的探讨。但作为一种相对成熟而严密的学术体系，金融民主理念则在他2012年出版的《金融与好的社会》里才得以完全体现。当然，金融民主理论尚处于学术探究和累积阶段，并未形成完全意义上的经济学或金融学研究分支或领域，比如席勒本人现在也尚未创立一个与金融民主理论相关的"标准"模型来更为深刻阐释各行为主体之间的内在利益关联，还只是停留在历史归纳、核心概念的梳理和具体政策设计的层面。

　　对于金融民主的概念，席勒（2008）认为金融民主的内涵已经在所谓的微观金融革命中做出了较为明确的暗示：2006年诺贝尔和平奖授予了尤努斯和他的孟加拉乡村银行，为他们正在发展中的创新活动注入了新的动力。微观金融革命由一系列新机制组成，它们放贷给那些最小的经济体，通常还是在世界上最不发达的地区。他自己所提及的推进金融民主的措施则主要针对的是最发达的国家，即通过为全体民众建设新的金融基础体系，并且通过采用最先进的技术来进一步推进市场的发展，也就是通过充分的金融创新活动让市场可以完全覆盖到那些与个人有着根本性关系的具体的风险上。席勒（2012）指出理想社会应该是一个人人平等的社会，人们相互欣赏、相互尊重。金融的存在是为了帮助实现其他的目标，即社会的目标，从这个意义上讲，它是一门功能性的科学。如果能够扩展、纠正和规范金融的发展，金融就可以使得人类有能力达成平等社会的终极目标，也就是为工业化国家和发展中国家都带来同样的繁荣和自由。而不断的推进金融民主将是这个过程中最重要的内容之一。在中美洲发展银行 2005 年一份专题分析报告中提及了中美洲地区推进金融民主使得数以亿计的普通劳动者得以融入金融体系并获得了所需要的金融服务。姜旭朝和邓蕊（2005）指出金融民主应该意味着协调弱势金融主体和强势金融主体之间的巨大的利益差额和风险比例。

金融民主的外在表现形式就是金融民主化，我们可以透过金融民主化的形式来内观金融民主概念的内核。吴敬琏（2003）提出应推进金融民主化，以此来降低和削弱中国改革过程中由弱势集团所承担的风险和成本，改变现有的利益格局；高广春（2009）认为次贷是推进金融民主化的一种有益尝试，作为一种金融创新，次贷使得更大多数的民众，其中包括相当一部分穷人或弱者有机会参与到金融体系之中，共同分享金融产业所取得的成就，增进了个人的福利水平；席勒（2012）指出要对金融进行进一步民主化改造，意味着创造更多为民众所开发的金融方案，比如提供金融建议、法律建议以及金融教育，同时还要运用一些为全民化方案服务的技术，以保证所有人都能更明智地参与金融系统；同时应该鼓励进一步放开金融创新的步伐。通过这种方式，我们不仅可以缓解金融危机的冲击，也可以使金融业更加民主化；洪利和梁礼广（2012）认为金融民主化的实质是要在经济不确定环境下构建一个惠及每一个经济个体的风险管理机制，最终目的是要解决经济不平等问题，其实现的途径是金融工具的创新和金融资源的民主化分配。金融民主化更注重金融和财政资源在社会收入分配信贷社会保险及保障资本市场等领域的均衡配置。廖理（2013）认为金融民主化的实质应该是让一般老百姓也能够参与到金融体系之中。这种金融的民主化通过如众筹、P2P 等互联网手段来实现。新金融形态的诞生冲击了传统金融概念，让金融的参与人数、参与方式都出现了新的可能。陈文和经邦（2013）指出金融民主化是保证中国经济朝着健康有序方向转型的必要条件之一，金融民主化至少应该具备如下三层含义：一是资金需求方不因非经济因素受到金融中介或资金供给方的歧视，即企业或个人的融资获取更加市场化；二是资金供给方有多种投资渠道，能够被允许追逐更高的回报，在信息披露充分前提下其投资风险应该自担；三是放宽对民间资本成立金融机构的严格限制，只要有资金有技术，人人都有机会成立金融机构，草根金融机构应该被允许甚至被鼓励发展。就推进"金融民主化"的动力看，自上而下的制度变革和自下而上的"草根革命"缺一不可。

综上所述，金融民主是一种系统化的先进理念。金融民主并不是线条化或平面化的理论片段，金融民主概念外延应该包含实施的前提条件、实践手段和效果测算，是一种立体化和系统化的理念。例如，实施金融民主需要具备物质条件、法制条件、心理条件和智力条件这四方面的前提条件；实践手段包括金融知识的普及教育、制度创新、法律创新和金融工具的创新等；效果测算则要在金融市场的参与深度、广度和参与的有效程度等几个方面来加以考量。

二、"民主概念坐标系"中的金融民主

民主这个概念蕴涵着极为丰富的内容。各类繁多的民主理论分别从内涵以及外延这两个维度对民主概念进行了持续的拓展，可以说各类民主理论对民主概念的探讨形成了一个标准的"民主概念坐标系"，金融民主所探讨的内容或问题从根本上来讲是不可能脱离这个坐标系的。因此，要想真正理解金融民主的概念，我们就有必要对民主概念进行深入的探讨与梳理。将金融民主的概念放在民主概念的坐标系中，这样我们就可以更加立体的理解金融民主概念提出的背景及根本导向甚至是金融民主概念与相关理论存在的缺陷与不足。

（一）民主概念坐标系

民主，其英文 Democracy，源于希腊文 demos 和 kratein。Demos 意为人民，而 kratein 意为统治，因此在西方，民主一词最基本的含义代表着由人民统治。希腊历史学家希罗多德（Herodotus）首次使用这一概念，是用来概括和表述希腊城邦这样一种政治实践：即城邦事务是由

公民所参加的公民大会，通过直接讨论和投票表决的方式来做出最终决定的，这种方式既不同于某一君主的独裁统治，也不同于少数贵族的寡头统治。另外雅典著名政治家伯里克利也曾提到，雅典的政治制度之所以被称为民主制度，是因为政权在多数公民手中，而不是在少数人手中。因此民主从一开始就是一个政治概念，或具体来讲，民主乃是一种政治制度。

1. 经典民主理论（或称为"古典民主理论"）

以洛克、卢梭为代表的西方启蒙学者，基本上沿袭了古希腊的民主观念，将民主看作是人民大众的权力。通过社会契约论，他们论证了国家权力是来自人民、属于人民的，尤其是卢梭（1762）提出著名的人民主权的原则，认为民主就是人民主权，就是人民大众享有国家权力。这就是通常所说的经典民主理论，或共和主义民主理论，其根本思想就是主张人民大众的权力。经典民主论认为民主即是目的又是手段。在天赋人权、自由和平等理念的指导下，追求由人民来行使国家主权，这体现了经典民主论的民主概念具有某种目的性；同时在遵守少数服从多数的原则下采用不经过任何媒介或代表的直接民主制度来展示人民主体的公意，这又体现了经典民主论也不否认民主作为手段的工具性价值。

2. 代议制民主理论（或称为"精英民主理论"）

代议制民主理论相对较为驳杂，这里仅以代议制民主理论的集大成者熊彼特的理论作为代表。熊彼特（1949）认为："民主方法是为达到政治决定的一种制度上的安排，在这种安排中，某些人通过竞取人民选票而得到作出决定的权力。"民主只是一套制度性的程序，一种选择政治领导人的政治方法。民主原则仅仅意味着，政府的权力应交给那些获得了更多选票的人。选择统治者，是民主方法唯一的和充足的目的，同时也为判断是否民主制度提供了一个简便有效的方法。同时，民主也是政治家竞取领导权的过程。在代议制民主制度下，政治家制定法律、管理国家事务，也不是出于高尚的信念，而是为了维护和改善自己的政治地位，但政治市场的自由竞争会同样巧妙地把对私利的追求转化为实现社会目的和公众要求的手段。

3. 社会民主论

从古希腊的民主理论，到 17 ~ 18 世纪以洛克、卢梭为代表的民主理论，民主这个概念一直局限在政治范畴之内。20 世纪以来的现代西方民主理论的演化趋势之一，便是从政治民主论演化为社会民主论。社会民主论者在著名的《法兰克福宣言》（1951）指出必须要把民主从单纯的政治民主延展至社会民主、工业民主和经济民主，乃至国际民主。政治民主是实现经济民主、社会民主的必要基础，单有政治民主是不够的，必须用经济民主、社会民主来补充。社会民主论者还主张将民主扩大到一切社会领域，从整个社会的所有方面去实现民主的目标。可以说，主流民主理论在很大程度上达成了这样的共识：民主概念的范畴已经从单一的政治民主过渡到了涉及社会各个领域的复合民主阶段。

4. 参与式民主论

参与式民主理论认为参与式民主能够促进人类的发展。真正的民主应当是所有公民的直接的、充分参与公共事务的决策的民主，从政策议程的设定到政策的执行，都应该有公民的参与。对政治的直接参与，能够强化人们的政治责任感，弱化人们对权力中心的疏远感，培养人们对集体的公共问题的关注，这有助于形成积极的、对政治事务有更敏锐的兴趣的公民。佩特曼（1970）认为公民只有不断直接地参与社会和国家的管理，包括政治、社会和经济领域的参与和管理，个人的自由和发展才能充分实现。只有在大众普遍参与的氛围中，才有可能实践民主所欲实现的基本价值如负责、妥协、个体的自由发展、人类平等。

5. 协商民主论

协商民主是一种决策机制，即所有受到政策影响的公民或他们的代表，均应该能够参与集体决策，而集体决策是秉持理性和公正态度，通过讨论和协商的方式达成。最为著名的协商民主论学者是哈贝马斯。哈贝马斯（1981）强调应该在自由和平等的公民在公共利益的指向下，通过对话、讨论、协商而达成共识，最终形成具有集体约束力的公共政策的过程。在政治形态中，协商民主是公民通过广泛的公共讨论，在各种政治决策的场合，各种意见得到互相交流，使各方了解彼此的观点和主张，在追求公共利益的前提下，达成各方均可以接受的决策方案。协商民主强调公民是政治决策的最重要主体，公民的政治参与并不局限于间接民主下的投票、请愿或社会运动，而应当在充分掌握信息、机会平等和程序公正的前提下积极参与公共事务，对公共政策进行讨论，提出合理的政策方案或意见。

　　基于以上六种民主理论的概述，我们可以对民主概念内涵与外延的变化加以总结。下面我们就用图1来进一步具体说明。

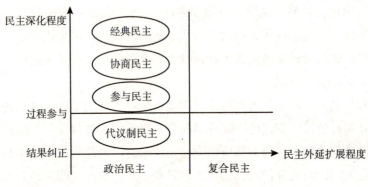

图 1　民主概念坐标系

　　如图1所示，民主概念较为明显的沿着两个维度进行演变，一个维度是民主外延扩展程度，民主概念的外延不断扩大，从单一的政治概念扩展至复合民主，而复合民主则不仅涵盖政治民主，更是包含了经济民主、社会民主和工业民主等多层面多领域；另一个维度则是民主深化程度，当代民主概念所指代的普通民众在民主过程中的参与程度不断加深，从仅具有选举权的代议制民主发展到拥有更多话语权的参与民主以及追求广泛和深入探讨的协商民主。民主外延扩展程度和民主深化程度这两个维度很好的构建了民主概念演化的坐标系。在民主概念坐标系中，我们可以将几种主要的民主理论所刻画的民主概念加以定位。代议制民主、参与民主、协商民主和经典民主几种民主理论所诠释的主要还是体现在政治民主范畴，因此在坐标系中都处于靠左的一边，而这种民主理论展现的民主参与程度由低到高分别为代议制民主、参与民主、协商民主和经典民主。如果要对这几种民主类型进一步加以区分的话，那就是代议制民主属于一种事后纠正型的民主，因为代议制民主体制下选民对当权者的约束只能是等到下一期选举时改投其他竞选人，而在却无法改变当期的政治格局。而参与民主、协商民主和经典民主因为注重在决策过程中体现较为深入的参与，所以可以对政治决策的最终结果加以干预和影响。因此，这几种民主理论所诠释的民主概念在坐标系中的位置就如图 1 所示那样加以排列。

（二）民主概念坐标系中的金融民主（见图 2）

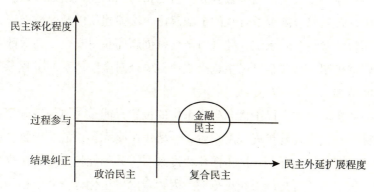

图 2　民主概念演化坐标系中金融民主的坐标界定

1. 金融民主在民主概念演化坐标系中的横坐标

从图 2 可以看到，民主概念演化完全可以通过民主外延的扩展程度以及民主深化程度两个维度来加以衡量。根据之前的民主理论的演变可知，民主概念的外延最早仅局限于政治范畴，即民主概念应该属于政治名词，到后来，民主概念的外延开始不断扩大，并过渡到了复合民主范畴，而复合民主则包含社会民主、工业民主和经济民主，乃至社会的一切领域。金融民主理应属于经济民主的范畴，所以金融民主也理当涵盖于复合民主的范畴。

2. 金融民主在民主概念演化坐标系中的纵坐标

民主概念演化从民主深化程度这个维度来衡量可以分为过程参与和结果纠正。要讨论金融民主在民主深化程度此维度的具体坐标并不太容易。原因是不同的金融民主案例所体现的民主深化程度也可能存在差异。在某些案例中，金融民主主要体现为促进普通民众平等获得金融服务而融入金融体系，即有更多的民主能够参与到金融体系中。而这些民众虽然被纳入金融体系当中，但他们本身并不具备除去交易选择权之外更多的经济权力来改变其所面对的金融环境。因此，结果纠正往往就成为他们所唯一能做的调整，即当他们面对金融服务提供厂商时，如果他们对所选择的厂商不满意，在合约终止时，他们就会有激励选择其他的厂商乃至停止接受类似的金融服务。与之相对照的是，在某些金融民主案例中，普通民众被给予合宜的金融建议、法律建议以及金融教育，使其更明智地参与金融系统，并且由于金融创新而获得安全、高效的金融风险管理机制，这些金融民主化措施使得民众对金融体系的过程参与程度不断增加。

因此金融民主在民主概念坐标系中的位置只能是大体加以确定，从横坐标——民主外延扩展程度来看，金融民主毫无异议的位于复合民主的范畴；但从纵坐标——民主深化程度来看，并不能将金融民主草率地放在过程参与或者是结果纠正范畴，因为金融民主化进程并不排斥两者中的任何一项。

三、扩张式金融民主和深化式金融民主

结合上面的分析，如果从民主深化程度这个维度来对金融民主加以划分的话，金融民主大体可以划分为扩张式金融民主和深化式金融民主。若某国或地区内普通民众由于平等获得金融服务而融入金融体系，即参与金融体系广度的增加而体现为扩张式金融民主。但是，对于被新纳入金融体系的民众来讲，他们往往不能通过密切的参与来影响与他们有关的，通常是微观层面金融系统规则和流程的制定和运作，而只能是

在接受某项金融服务之后根据成本收益原则选择是否转换其他的金融服务提供商或干脆退出。与此同时，若某国或地区已经被纳入金融体系内部的普通民众由于获得更加全面和高质量的金融建议、法律建议以及金融教育，从而变得可以更明智地参与到金融工具或金融服务的设计流程中，乃至参与到某些与他们密切相关的微观和部分中观金融系统规则和流程的制定与运作。普通民众将通过这些金融创新而获得更加安全、高效的全方位金融服务，即其参与金融体系深度的增加而体现为深化式金融民主。高效、贴合的过程参与成为深化式金融民主的特定标签。

一般来讲，如果某个国家或地区相当比例的民众和小微企业都不能通过正规金融，甚至是民间金融渠道获得合宜的金融服务，则这个国家或地区的金融资源垄断性较高。此类金融市场也就应该主要着重于发展扩张式金融民主，即其主要目标应该是促进更多的社会民众和小微企业融入金融体系之内从而获得合宜的金融服务；如果某个国家或地区绝大多数民主可以相对便利的从金融体系获得金融服务，但由于普通民众所掌握金融知识的匮乏，更加稳健和理性的法律法规环境的欠缺等造成民众参与金融体系的深度不够，则这个国家或地区就应该发展深化式金融民主，即其主要目标应该强调创造良好的金融环境让民众更加便利和理性的融入金融体系的运转乃至改造进程中去。

当然，金融民主类型不一定与此国家是否属于发达国家绝对匹配。比如一个国家属于发达国家，但这个国家推进的金融民主不一定属于深化式金融民主。这个国家同样可能仍然会产生某种金融创新并导致更多的民众获得了某种金融服务，这种情况仍然属于扩张式金融民主。某发展中国家采用了新的通信技术导致已经原来就进入金融体系的某些投资者更加深入和便利的参与到金融活动中，这就属于深化式金融民主。

那扩张式金融民主和深化式金融民主到底是什么样的关系呢？首先，深化式金融民主是扩张式金融民主的进一步发展的必然出路和选择。这是因为深化式金融民主在民主化程度维度体现了参与民主理念，而参与民主必然是建立在民众参与程度已经较高但参与深度并不理想的前提之下。其次，现有的金融民主学说并未给出两类金融民主是否存在某种承接关系，但参与民主理论却可以给我们一个有效的"启示"：扩张式金融民主在一定程度上可以促进公民获得金融服务机会的平等，但在坚持参与广度的同时也强调参与深度的深化式金融民主却能够更加有效力的帮助整个社会实现更高层次的经济平等，因为后者可以帮助民众同时获得参与金融产品，乃至微观和部分中观流程设计机会的平等。可以说，扩张式金融民主是深化式金融民主的基础，而深化式金融民主则是扩张式金融民主的升级版。在具备某些前提或条件的情况下，扩张式金融民主就有可能过渡到深化式金融民主。

有关扩张式金融民主与深化式金融民主在民主概念坐标系中的位置以及两者之间的关系如图 3 所示。

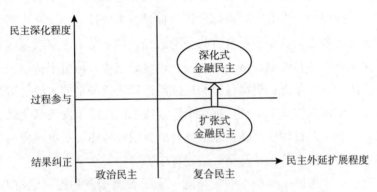

图 3　金融民主的划分：扩张式与深化式金融民主

四、避免金融民主概念和操作发生游移化与宽泛化

如上所述，金融民主清晰的隶属于经济民主范畴，提倡和发展金融民主的核心目标不能游移于经济民主的提升和改进这个总目标，而偏重于政治意蕴。如果偏重于政治层面，反而会淡化甚至是造成金融民主概念和具体操作的扭曲。因此，笔者认为应严格将金融民主的概念寓意置于经济民主范畴之内，避免其概念过于游移化。

另外，金融民主的推进应尽量避免宽泛化，也需要实事求是，量力而行。例如，深化式金融民主仅仅较为适合具体金融工具和金融服务的设计层面，以及微观和部分中观层面的金融制度和规则的制定，因为普通民众作为金融体系与金融机构的服务对象，他们对相关金融交易的感受最直接和直观，将他们的话语权纳入相关流程设计中将会非常有助于提升设计效率和效果。而由于普通民主毕竟缺乏专业化的金融理论素养以及充足的专注力，并不适合深入参与到顶层及大部分中观层面金融制度和规则制定过程。

五、小结

金融民主理论尚处于发展和逐渐成熟阶段，金融民主的概念与内核亟待加以清晰的界定。作为经济民主的一个派生概念，厘清金融民主与民主概念体系的关联性乃是完成相关研究的关键所在。通过深化程度和外延扩展程度两个维度的划分而形成的民主概念坐标系的构建，不仅金融民主的外延与内涵被准确标定，金融民主还可进一步划分为扩张式金融民主和深化式金融民主两种基本类型。两类金融民主的划分不仅在理论层面丰富了金融民主学说，而且也将在实践层面对金融民主的发展产生重要的推动。而与此同时，我们也应严格将金融民主的概念寓意置于经济民主范畴之内，避免其概念过于游移化和宽泛化。

参考文献：

［1］Eaton，Cyrus Financial Democracy，The University of Chicago Law Review，Vol. 8，No. 2（Feb.，1941），pp. 195 – 201.

［2］Transforming Labor Markets and Promoting Financial Democracy，The Inter American Development Bank. 2005.

［3］姜旭朝、邓蕊：《民间金融合法化：一个制度视角》，载于《学习与探索》2005 年第 5 期。

［4］陈文、经邦：《以金融民主化推进中国经济转型》，载于《银行家》2013 年第 7 期。

［5］洪利、梁礼广：《金融民主化视角下我国城乡金融差异及包容性发展对策分析》，载于《上海金融》2012 年第 8 期。

［6］高广春：《次贷与金融民主》，载于《经济学家茶座》2009 年第 2 期。

［7］薛涌：《怎样做大国》，中信出版社 2009 年版。

［8］罗伯特·J·希勒：《非理性繁荣》，中国人民大学出版社 2001 年版。

［9］罗伯特·J·希勒：《金融新秩序：管理 21 世纪的风险》，中国人民大学出版社 2003 年版。

［10］罗伯特·J·希勒：《终结次贷危机》，中信出版社 2008 年版。

［11］罗伯特·J·希勒：《金融与好的社会》，中信出版社 2012 年版。

［12］陈炳辉：《20 世纪西方民主理论的演化》，载于《厦门大学学报》1999 年第 3 期。

［13］陈炳辉：《哈贝马斯的民主理论》，载于《厦门大学学报》2001 年第 2 期。

［14］胡伟：《民主与参与：走出貌合神离的困境》，载于《政治学研究》2007 年第 1 期。

［15］陈尧：《从参与到协商：当代参与型民主理论之前景》，载于《学术月刊》2006 年第 8 期。

［16］王锡锌：《公众参与：参与式民主的理论想象及制度实践》，载于《政治与法律》2008 年第 6 期。

［17］郎友兴：《精英与民主：西方精英主义民主理论述评》，载于《浙江学刊》2003 年第 6 期。

［18］李龙：《论协商民主——从哈贝马斯的"商谈论"说起》，载于《中国法学》2007 年第 1 期。

［19］Fishkin，James 著，劳洁摘译：《实现协商民主：虚拟和面对面的可能性》，载于《浙江大学学报》2005 年第 5 期。

［20］马奔、周明昆：《协商民主：概念、缘起及其在中国的运用》，载于《中国特色社会主义研究》2006 年第 4 期。

［21］金贻顺：《当代精英民主理论对经典民主理论的挑战》，载于《政治学研究》1999 年第 2 期。

［22］蔡定剑：《重论民主或为民主辩护》，载于《中外法学》，2007 年第 3 期。

［23］科恩：《论民主》，商务印书馆 1988 年版。

3. 土地流转改革对我国农村普惠金融发展影响——基于演化博弈的视角[*]

【摘要】土地流转改革导致土地资源规模化经营的同时也使得土地成为优良的抵押品，这将在很大程度上促进我国农村地区普惠金融的发展。本文通过建立农户与金融机构两群体非对称博弈模型，采用演化博弈方法分析证明了相关结论，并给出了土地流转改革促进普惠金融发展的四个先决条件：（1）土地规模化经营得以更加便利的实现；（2）农户间的深化合作；（3）金融机构单笔信贷操作的户均成本大幅降低；（4）防止金融机构诱导农户过度借贷。最后文章提出了相关政策建议。

【关键词】土地流转改革　普惠金融　演化博弈

一、引言

2014 年 4 月国务院常务会议将发展农村地区的普惠金融作为金融服务"三农"发展的六条措施。《中共中央关于全面深化改革若干重大问题的决定》同时提出要"赋予农民对承包地占有、使用、收益、流转及承包经营权抵押、担保功能允许农民以承包经营权入股发展农业产业化经营"，"完善土地租赁、转让、抵押二级市场"等促进土地流转改革的相关指导性方针。毕颖妍（2014）、何登录（2014）认为促进土地流转改革可以有助于提升农村普惠金融发展。①② 但土地流转改革为什么会促进农村普惠金融发展，如果能够发挥促进作用则会在何种约束

＊ 本文发表在《华东经济管理》2015 年第 8 期。

① 毕颖妍：《浅析发展普惠金融的必要性与基本途径》，载于《时代金融》2014 年第 2 期，第 32~34 页。

② 何登录：《农村普惠金融内生机制研究》，载于《农村金融研究》2014 年第 6 期，第 61~66 页。

条件或机制下促进等理论问题尚未解决。

二、理论分析

普惠金融（Inclusive Finance）概念最早由联合国于 2005 年明确提出，并在 2006 年给予概念界定：能有效、全面地为社会几乎所有阶层和群体提供服务的金融体系，让广大被排斥在正规金融体系之外的农户、城镇低收入群体和微型企业等都能够获得金融服务。周小川（2013）认为普惠金融（亦称包容性金融）主要是指通过完善金融基础设施，以可负担的成本将金融服务扩展到欠发达地区和社会低收入人群，向他们提供价格合理、方便快捷的金融服务，不断提高金融服务的可获得性。[①] 因此，在我国农村地区发展普惠金融就是要在强调金融产品或服务的合宜性与可获得性前提下，将之前被正规金融体系排除在外的大量农户吸纳进来。摆在我们面前的一个基本的事实是：相对于城镇而言，我国农村地区金融发展长期以来都处于相对滞后状态（向东明，2010；冯林等，2013；余许友，2014)[②][③][④]。这一事实的隐喻，即设想某金融机构正在审核一笔由某农户提出的贷款申请，纵然贷款申请者主观判断自身有足够还款能力，但最终被金融机构拒绝的概率仍停留在较高水平。在我国农村地区发展普惠金融就是要最大限度地减少类似情况的出现，而让尽量多的农户通过正规金融渠道来获得合宜的金融服务。

现有文献在探讨我国农村金融发展长期滞后的原因时，其观点大体可以划分为两类：就宏观层面来看，农村金融服务体系的匮乏与金融产

---

① 周小川：《践行党的群众路线　推进包容性金融发展》，载于《求是》2013 年第 18 期，第 11～14 页。

② 向东明：《农村金融失血问题与宏观政策创新》，载于《银行家》2011 年第 12 期，第 104～107 页。

③ 冯林等：《金融资源配置差异视角的城乡二元解释》，载于《农村经济问题》2013 年第 1 期，第 34～38 页。

④ 余许友：《二元结构下农村金融抑制的原因和出路》，载于《理论与改革》2014 年第 6 期，第 91～94 页。

品或服务品种的单一化，征信制度的缺失使得农村金融市场发展缺少了重要的基础构建；就微观层面来看，家庭为生产经营单位所导致的盈利能力弱、生产和市场风险的低耐受性、信贷额度过小以及农业生产本身的高风险性等因素在很大程度上阻碍了农村金融市场的交易开展（王峰虎、谢小平，2010；徐立玲、宁杰，2014）。[1][2]

出于对自身利益的考虑，金融机构在审核农户信贷申请时，最基本的逻辑就是成本收益分析：在农户还款时分析本息与资金成本、单笔信贷操作成本之间的比较。在资金成本大体稳定，单笔信贷操作成本并不因信贷规模的增长而明显上涨时，则农户还款时金融机构就会对信贷规模比较敏感；在农户不能正常还款时，金融机构就主要会关注抵押品的价值与资金成本、单笔信贷操作成本之间的比较。从理论上讲，如果农户单笔信贷申请额比较大时，只要抵押品的价值足够大，金融机构并不太关注农户贷款是否会按时还款。因此，如果农户贷款申请额度突破了某一阈值，且能提供合适的抵押品，农村普惠金融的目标就可以顺利实现。

土地流转改革将使得土地要素实现合理流动，同时农民也可以更加方便地利用土地进行抵押和担保以更多获得银行的信贷支持，而这最终将会增加农民进入农村金融市场的能力（王曙光、王丹莉，2014）。[3]因此，土地流转改革的推行很有可能会大大推进我国农村地区普惠金融事业的发展进程。

另外一个需要解决的问题是土地流转改革需要在何种约束条件或机制下才能促进我国农村地区普惠金融的发展。土地流转改革在我国农村地区开展是一个渐进式的过程，其对我国农村农户生产经营的影响更具有长期性特征。我国农村长期以来所实行的包干单干式的家庭承包责任

① 王峰虎、谢小平：《农村金融发展中的市场失灵、政府失灵与财政对策》，载于《软科学》2010 年第 5 期，第 107 ~ 110 页。

② 徐立玲、宁杰：《包容性发展视角下农村金融创新研究》，载于《农业经济》2014 年第 3 期，第 54 ~ 55 页。

③ 王曙光、王丹莉：《农村土地改革、土地资本化与农村金融发展》，载于《新视野》2014 年第 4 期，第 42 ~ 45 页。

制，使得农户成为农村经济的基本单位。农户在获得土地确权证书之后，农户间土地流转交易的实际出现、发展，新型农户合作组织的建立和发展壮大，以及土地流转改革之后农户与金融机构合作关系的嬗变更是需要经过发现、完善、调整和推广等阶段的长期调整。加之各地区具体情况差异巨大，如果采用常规的分析方法，假设行为主体具备完全理性，那么如此强的理性假设则在实际上等同于忽略与抹杀了行为主体之间相互学习与模仿的互动过程，其分析结果也可能会与实际情况出现非常大的偏离。因此在探讨本文相关问题时，我们需要采用其他能够体现行为主体有限理性以及行为主体间充分互动影响的理论和方法。

演化博弈是建立在动态博弈基础上的理论方法，它源于达尔文生物进化理论，充分体现了生物学中有关物种进化的思想，以个体的有限理性作为分析基础，模拟并解释了群体行为的进化博弈过程：群体内的个体并不能在博弈之初即能找到最优策略，他们通过长期的模仿与改进，即使在某个时刻达到了最优策略，也可能因为其有效性而再次发生偏移，最终所有的博弈方都会趋于某个稳定的策略。曹玉贵、李一秀（2009）和董晓红、关玉娟（2012）就采用了演化博弈方法分析了农户与金融机构信贷交易行为。[1][2] 本文也将利用演化博弈方法来分析土地流转改革前后农户与金融机构的信贷交易，以此来观察土地流转改革制度的引入是否会促进，以及在何种约束条件或机制下促进我国农村普惠金融的发展。

三、农户与金融机构两群体非对称演化博弈分析

农村地区存在农户与金融机构两个群体。金融机构策略空间包含两

---

① 曹玉贵、李一秀：《农村金融机构与农户借贷行为的博弈分析》，载于《金融理论与实践》2009 年第 2 期，第 25～27 页。

② 董晓红、关玉娟：《中国农户融资对策分析——基于演化博弈的视角》，载于《哈尔滨商业大学学报》（社会科学版），2012 年第 3 期，第 11～14 页。

种行动：贷款与不贷款；农户的策略空间包含两种行动：违约与还款，如表1所示。

表1　　　　土地流转改革前农户与金融机构博弈战略式表述

农户	金融机构	
	土地流转改革前	
	策略1：贷款	策略2：不贷款
策略1：违约	$\theta(D+A)kt-q, \quad q-(D\times R_0+M)$	0, 0
策略2：还款	$\theta(D+A)kt-D\times rt, \quad D\times rt-(D\times R_0+M)$	0, 0

（一）土地流转改革前的博弈

假设农户发现某投资项目，其投资成功率为 θ，投资收益毛利率为 k，投资期限为 t；投资启动资金需要 $D+A$，其中 D 为需要贷款额度，A 为自有资金；农户可以向银行提供价值为 q 的抵押物，若到期需要向银行支付本息额为 $D\times rt$；对于金融机构来讲，资金成本为 $D\times R_0$，单笔贷款操作成本为 M。

假设农户贷款后选择违约的概率为 x，选择还款的概率为 $1-x$；金融机构选择发放贷款的概率为 y，选择不贷款的概率为 $1-y$。这样就可以计算出农户选择违约的期望收益 U_1，选择还款的期望收益 U_2 和平均期望收益 $\overline{U}$，具体如下：

$$U_1 = y\times\left[\theta(D+A)kt-q\right] \tag{1}$$

$$U_2 = y\times\left[\theta(D+A)kt-D\times rt\right] \tag{2}$$

$$\overline{U} = x\times U_1+(1-x)U_2 = y\times\left[\theta(D+A)kt-D\times rt\right]+xy\times(D\times rt-q) \tag{3}$$

则农户选择策略的复制动态方程为：

$$\frac{dx}{dt} = x(U_1-\overline{U}) \tag{4}$$

整理得：

$$F(x) = \frac{dx}{dt} = xy(1-x)(D \times rt - q) \qquad (5)$$

首先，对农户群体的复制动态方程进行分析。

情况一：根据式（5），如果 $y=0$，则 $\frac{dx}{dt}$ 值始终为 0，则农户群体选择违约行为比例并不会随着时间的演进而产生任何变化。针对此种情况分析并无太多实际意义。$y=0$，就说明金融机构选择贷款的概率为 0，由于农民无法进入第二轮博弈，不论是违约抑或是还款，对农民群体而言都属于非现实的可选择行动。

情况二：如果 $y \neq 0$，则 $x=0$ 和 $x=1$ 是两个稳定状态。有鉴于进化稳定策略（ESS）对微小扰动具有稳健性，对应到数学表达式上，则要求复制动态方程 $F(x)$ 对 x 求导数后，$F'(x)$ 的值必须为负值，根据式（5）整理则有

$$(1-2x)y(D \times rt - q) < 0 \qquad (6)$$

因为 $0 \leqslant y \leqslant 1$，且 $y \neq 0$，则 $0 < y \leqslant 1$。另外在土地流转改革以前，农户贷款缺少抵押品的现象普遍存在，不失一般性，假设 $D*rt > q$，则 $F'(1) < 0$，即 $x=1$ 为 ESS。这就说明当农户缺失或匮乏抵押品的情况下，在追逐个人利益最大化的驱动下，有部分农户会选择违约，并且这些农户的违约行为会被其他已经选择正常还款的农户所效仿，并最终成为主流行为或普遍现象。这一结论在金融活跃程度较低的农村地区具有较大的可信度。金融活跃程度低的具体表现是农户借贷行为的低频率，农户考虑到自己未来再次借贷的概率较小时，通过选择违约策略能够最大化其个人利益，如图 1 所示。

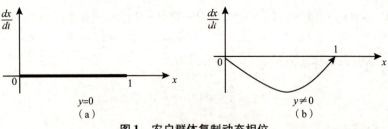

图 1　农户群体复制动态相位

图 1 中两个相位图表现了农户行为选择的动态趋势及稳定性。通过图 1（b）可以看到，随着时间的演进，农户选择违约的概率不断提升，并最终稳定在 1。

同理，可以计算出金融机构贷款、不贷款以及平均期望收益 V_1、V_2 和 $\overline{V}$，并最终构造出金融机构的复制动态方程，具体如下：

$$F(y) = \frac{dy}{dt} = y(1-y)\left[D \times rt - x(D \times rt - q) - D \times R_0 - M \right] \qquad (7)$$

下面对金融机构群体的复制动态方程进行分析。

其次，我们分析 $D \times rt \geq D \times R_0 + M$ 时的情况：

情况一：因为之前我们假设 $D \times rt > q$，且又因为 $D \times rt \geq D \times R_0 + M$；所以当 $x = \dfrac{D \times rt - D \times R_0 - M}{D \times rt - q}$，且 $0 \leq \dfrac{D \times rt - D \times R_0 - M}{D \times rt - q} \leq 1$，即 $q < D \times R_0 + M$ 时，则 $\dfrac{dy}{dt}$ 的值始终为 0，即金融机构群体选择贷款的比例并不会随着时间的演进而变化，因此金融机构选择贷款或不贷款两种策略无关紧要。

情况二：当 $x < \dfrac{D \times rt - D \times R_0 - M}{D \times rt - q}$，且 $q < D \times R_0 + M$ 时，则 $F'(0) > 0$，而 $F'(1) < 0$，因此 $y = 1$ 为 ESS，即金融机构群体会随着时间推移而逐渐收敛到采取贷款策略。

情况三：当 $x > \dfrac{D \times rt - D \times R_0 - M}{D \times rt - q}$，且 $q < D \times R_0 + M$ 时，则 $F'(0) < 0$，而 $F'(1) > 0$，因此 $y = 0$ 为 ESS，即金融机构群体会随着时间推移而逐渐收敛到采取不贷款策略。

图 2 中的三个相位图表现了此种情况下金融机构行为选择的动态趋势及稳定性。

我们可以把上面农户和金融机构两个群体类型比例变化复制动态的关系，在同一坐标平面图上表示出来，如图 3 所示。

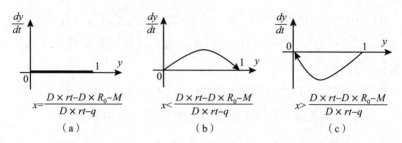

图2 $D \times rt \geqslant D \times R_0 + M$ 时金融机构群体复制动态相位

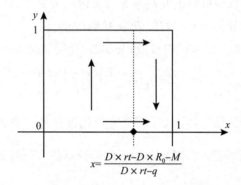

图3 $D \times rt \geqslant D \times R_0 + M$ 时农户与金融机构两群体
非对称博弈复制动态关系与稳定性

在图3中，综合农户和金融机构两个群体的复制动态和稳定性来看，只有 $(x, y) = (1, 0)$ 这一点是博弈的演化稳定策略，而其他各点都不是复制动态中具有收敛性且具有抗扰动的稳定状态。也就是说，经过长期反复博弈，拥有有限理性的农户和金融机构两个群体通过持续学习与调整自身策略后逐渐形成一种稳定的结果：若农户获得贷款，则必然选择违约，金融机构在接收到农户递交贷款申请后也必然会选择拒绝发放贷款。值得注意的一点是博弈的演化稳定策略是在两个约束条件下形成的：（1） $D \times rt > q$ ，即农户需要偿还的贷款本息额大于抵押品的价值。这个条件是由我国农户缺乏抵押品的现状所客观决定的；（2） $q < D \times R_0 + M$ ，这个条件要求金融机构的资金成本 $D \times R_0$ 与单笔信贷操作成本 M 之和要大于农户可提供抵押品的价值 q 。约束（2）除

从另外一个侧面反映了农户借贷时缺乏抵押品会阻碍农村地区信贷的正常发放之外，还说明了一个问题，即针对农户的单笔信贷操作成本过高的话也有同样可能会阻碍农村地区金融交易的达成。

最后，分析 $D \times rt < D \times R_0 + M$ 时的情况：

情况一：因为 $D \times rt < D \times R_0 + M$，且 $D \times rt > q$，所以 $\dfrac{D \times rt - D \times R_0 - M}{D \times rt - q} < 0$，不符合 $0 \leqslant x \leqslant 1$ 的取值，所以此时再分析便失去了实际意义。

情况二：因为 $D \times rt < D \times R_0 + M$，且 $0 \leqslant x \leqslant 1$，则不论 x 取值如何，必有 $F'(0) < 0$，而 $F'(1) > 0$，因此 $y = 0$ 为 ESS，即金融机构群体会随着时间推移而逐渐收敛到采取不贷款策略。图 4 中的相位表现了此种情况下金融机构行为选择的动态趋势及稳定性。

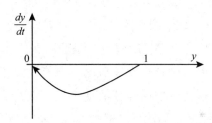

图4　$D \times rt < D \times R_0 + M$ 时金融机构群体复制动态相位

再将图 1 与图 4 置于同一坐标平面图上表示出来，如图 5 所示。

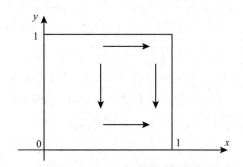

图5　$D \times rt < D \times R_0 + M$ 时农户与金融机构两群体
非对称博弈复制动态关系与稳定性

在图 5 中，综合农户和金融机构两个群体的复制动态和稳定性来看，只有 $(x, y) = (1, 0)$ 这一点是博弈的演化稳定策略，而其他各点都不是复制动态中具有收敛性和具有抗扰动性的稳定状态，即经过长期反复博弈，拥有有限理性的农户和金融机构两个群体通过持续学习与调整策略后逐渐形成一个稳定的结果：农户获得贷款后选择违约，而金融机构也拒绝发放贷款。我们需要重点关注的是 $(1, 0)$ 形成博弈的演化稳定策略所应具备的约束条件为 $D \times rt < D \times R_0 + M$。对照当前情况，金融机构并没有太多意愿来向农户发放贷款，一方面是因为农户缺乏抵押品（图 3 的相图已经分析）；另一方面则是因为 $D \times rt < D \times R_0 + M$，这个条件说明了金融机构的资金成本与发放单笔农户信贷的成本之和要高于银行从单笔贷款中所获得的收益。一个极端的情况是，当农户单笔信贷需求额度过小时，甚至会出现 $M > D \times rt$，即仅仅是金融机构发放单笔信贷的操作成本就要高于其从此笔小额信贷中获得的收益。进一步来讲，导致这种情况发生的制度根源乃是原有包干单干式的土地承包责任制阻碍了土地资源的合理有序流动。原有制度不仅导致了农户缺乏必要的抵押品，还使得农业经营活动难以形成合宜的经济规模，而这些都是我国农村金融发展滞后和迟缓的根本症结所在。当然我们不能排除因为当前金融机构没有太多动力针对农村地区的农户信贷申请而研发出可以快速、准确且低成本的甄别技术所造成的单笔信贷操作成本较高的情况。

综上所述，通过对农户和金融机构两群体演化博弈的分析可以发现：（1）我国农村地区长期实行包干单干式土地承包制度。（2）金融机构单笔信贷操作成本相对过高，这两方面都对农村地区金融业的正常发展造成了负面影响。尤其是前者不仅造成了农户抵押品的缺乏，同时也使得金融机构由于农户土地经营规模不经济而难以获得合理的商业收益，从而严重制约了我国农村地区普惠金融的发展。

（二）土地流转改革后的博弈

土地流转改革之后，农户与金融机构两群体非对称博弈结构所发生的变化主要有两个方面：（1）农户承包土地的使用权可以在市场上进行流通，因此成为能够被金融机构认可的优良抵押品，这里假设农户承包土地的使用权具有的市场价值为 Q；（2）土地流转改革后，农户之间通过土地流转而更容易实现转包与合作从而促进了土地的规模经营，金融机构也可以顺便降低单笔信贷操作的户均成本。假设 n 户农民的土地实现了合作经营，且金融机构在审核这 n 户农民的申请与发放贷款时同样支付 M 的成本，则相当于单笔信贷操作的户均成本降低到 $\frac{M}{n}$。土地流转改革对博弈的改变具体如表 2 所示。

表 2　　　　土地流转改革前后农户与金融机构博弈战略式表述对比

农户	金融机构		策略 2：不贷款
	策略 1：贷款		
	改革前	改革后	
策略 1：违约	$\theta(D+A)kt-q,$ $q-(D\times R_0+M)$	$\theta(D+A)kt-q-Q,$ $q+Q-\left(DR_0+\dfrac{M}{n}\right)$	0, 0
策略 2：还款	$\theta(D+A)kt-D\times rt,$ $D\times rt-(D\times R_0+M)$	$\theta(D+A)kt-D\times rt,$ $D\times rt-\left(DR_0+\dfrac{M}{n}\right)$	0, 0

根据表 2 可以计算土地流转改革后农户选择违约的期望收益 U_1'，选择还款的期望收益 U_2' 和平均期望收益 $\overline{U}'$，在此基础上计算出农户的复制动态方程：

$$F(x)=\frac{dx}{dt}=x(U_1'-\overline{U}')=xy(1-x)(D\times rt-q-Q) \tag{8}$$

对式（8）进行分析，具体如下：

情况一：根据式（8），如果 $y=0$，则 $\frac{dx}{dt}$ 值始终为 0，则农户群体选择违约行为比例并不会随着时间的演进而变化。这时金融机构选择贷款的概率为 0，农民无法进入到第二轮博弈，不论是违约或是还款，对农民群体而言都属于非现实的可选择行动。

情况二：如果 $y \neq 0$，则 $x = 0$ 和 $x = 1$ 是两个稳定状态。对式（8）求关于 x 的导数得：

$$F'(x) = y(1 - 2x)(D \times rt - q - Q) \qquad (9)$$

（a）当 $D \times rt > q + Q$ 时，$F'(1) < 0$，即 $x = 1$ 为 ESS。这说明当农户要偿还贷款的本息额 $D \times rt$ 大于抵押品的价值 $q + Q$ 时，农户在追求自身利益最大化的驱动下会越来越倾向于采取违约策略；

（b）当 $D \times rt < q + Q$ 时，$F'(0) < 0$，即 $x = 0$ 为 ESS。这说明当农户要偿还贷款的本息额小于抵押品的价值时，农户在追求利益最大化的导向下会越来越倾向于采取还款策略。

同理，我们再计算出金融机构发放贷款、不贷款以及平均期望收益 V_1'，V_2' 和 $\overline{V}$，并最终计算出金融机构的复制动态方程：

$$F(y) = \frac{dy}{dt} = y(1 - y)\left[D \times rt - x(D \times rt - q - Q) - D \times R_0 - \frac{M}{n} \right] \quad (10)$$

另因为 Q 作为承包土地使用权的市场价值，乃是对相当长时期承包土地所产生全部收益的一种估价，其市场价值也必定不菲，因此通常情况下会有 $q + Q > D \times R_0 + \frac{M}{n}$。

现对式（10）进行分析，具体如下：

情况一：$D \times rt > q + Q$ 且 $D \times rt \geq D \times R_0 + \frac{M}{n}$ 时的情况。因为 $0 \leq x \leq 1$，所以必有 $D \times rt - x(D \times rt - Q - q) - D \times R_0 - \frac{M}{n} > 0$，因此 $F'(0) > 0$，$F'(1) < 0$，所以 $y = 1$ 是 ESS。

情况二：$D \times R_0 + \frac{M}{n} < D \times rt < q + Q$ 时的情况。因为 $0 \leq x \leq 1$，所以必有 $D \times rt - x(D \times rt - Q - q) - D \times R_0 - \frac{M}{n} > 0$，因此 $F'(0) > 0$，$F'(1) < 0$，所以 $y = 1$ 是 ESS。

情况三：$D \times rt \leq D \times R_0 + \frac{M}{n}$ 且 $D \times rt < q + Q$ 的情况。可具体再细分

为以下三种情形：

（a）当 $x = \dfrac{D \times rt - D \times R_0 - M}{D \times rt - q}$，且 $0 \leqslant \dfrac{D \times rt - D \times R_0 - M}{D \times rt - q} \leqslant 1$ 时，则

$\dfrac{dy}{dt}$ 的值始终为 0，即金融机构群体选择贷款的比例并不会随着时间的演

进而变化，因此金融机构选择贷款或不贷款两种策略无关紧要。

（b）当 $x < \dfrac{D \times rt - D \times R_0 - M}{D \times rt - q}$，则 $F'(0) < 0$，而 $F'(1) > 0$，因

此 $y = 0$ 为 ESS，即金融机构群体会随着时间推移而逐渐收敛到采取不

贷款策略。

（c）当 $x > \dfrac{D \times rt - D \times R_0 - M}{D \times rt - q}$，则 $F'(0) > 0$，而 $F'(1) < 0$，因此

$y = 1$ 为 ESS，即金融机构群体会随着时间推移而逐渐收敛到采取贷款

策略。

综上所述，土地流转改革之后农户和金融机构两个群体类型比例变

化复制动态的关系如表 3 所示。

表3　土地流转改革后农户、金融机构两群体博弈的演化稳定策略分析

约束	农户的 ESS	金融机构的 ESS	博弈的 ESS
$D \times rt > q + Q$ 且 $D \times rt \geqslant D \times R_0 + \dfrac{M}{n}$	$x = 1$	$y = 1$	$(1, 1)$
$D \times R_0 + \dfrac{M}{n} < D \times rt < q + Q$	$x = 0$	$y = 1$	$(0, 1)$
$D \times rt < q + Q$ 且 $x < \dfrac{D \times rt - D \times R_0 - M}{D \times rt - q}$	$x = 0$	$y = 0$	无
$D \times rt < q + Q$ 且 $x > \dfrac{D \times rt - D \times R_0 - M}{D \times rt - q}$	$x = 0$	$y = 1$	

（1，1）点成为博弈的演化稳定策略看似有些费解，因为其对应含义是金融机构选择发放贷款，而农户获得贷款后选择违约。其实我们可以将这种结果看成类似于一种利益的交换。（1，1）要形成博弈的演化稳定策略需要具备两个方面约束条件：对于农户来讲需要具备 $D \times rt > q + Q$，即农户可以获得异常高额度的贷款，或者说农户出现了过度借贷行为；对于金融机构来讲则需要具备 $D \times rt \geq D \times R_0 + \dfrac{M}{n}$，金融机构的贷款预期收益要足够高。而这两方面约束中 $D \times rt > q + Q$ 最为关键，因为 $D \times rt \geq D \times R_0 + \dfrac{M}{n}$ 仅仅是金融机构获得盈利的普遍性条件。

我们可以从三个角度来加以分析：一是在农户借贷额度 D 大致不变的情况下，则此时金融机构放贷利率 r 增长到极高；二是，金融机构放贷利率保持大致不变，而出现了农户迅速扩大借贷规模；三是金融机构放贷利率上涨的同时农户借贷规模也迅速扩大。不论是哪种情况发生，只要 $D \times rt > q + Q$ 与 $D \times rt \geq D \times R_0 + \dfrac{M}{n}$ 同时成立，则就可能出现这样的局面：越来越多的农户在获得贷款之后选择违约，并进而将土地质押给了金融机构，农户破产的现象逐渐增多，土地集中程度日渐加剧。爆发于印度的小额信贷危机就十分类似于这种情况。印度许多商业化的小额信贷机构为了追求达到更高的盈利规模，急于扩大信贷投放，疏于管控甚至纵容信贷人员诱导农户过度借贷而导致其破产（崔凌云、张建峰，2014）。[①] 2010 年印度安得拉邦数十名农民因无法偿还借贷而自杀，最终使得官方出面支持并推动了大面积的农户违约行为。杜晓山（2010）指出"过高的利率（年利率在 30% 左右）、投资人股东和管理团队过高的回报、不合理的逼债方式（罚没家庭财产甚至是限制欠债人及其家庭成员的人身自由）、分布极不平衡及形成恶性竞争趋势"。[②] 因此可以得

---

　　① 崔凌云、张建峰：《印度小额信贷危机的监管策略及对中国的启示》，载于《经济研究导刊》2013 年第 3 期，第 97～98 页。
　　② 杜晓山：《小额信贷的分类与绩效考核》，载于《全球可持续发展能力建设日平行论坛》2010 年 11 月。

出一个重要的结论：土地流转改革虽然使得土地成为优良的抵押品从而促进农村地区大量农户进入正规金融体系中来，但如果任由市场力量主导，反而可能会造成较为严重的经济和社会后果，因此政府金融监管部门一定要将农村地区金融机构的业务开展控制在合理的范围之内。

在推进农村普惠金融发展过程中，我们当然不希望类似局面的出现，而更希望（0，1）点是博弈的演化稳定策略，其复制动态具有收敛性和具有抗扰动性的稳定状态，其含义为经过长期反复博弈，拥有有限理性的农户和金融机构两个群体持续学习与调整策略后逐渐形成一种稳定的结果：农户获得贷款后选择还款，而金融机构也选择发放贷款，如图6所示。

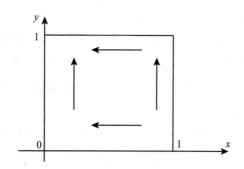

图6 $D \times R_0 + \dfrac{M}{n} < D \times rt < q + Q$ 时农户与金融机构复制动态关系与稳定性

值得注意的是（0，1）点构成博弈的演化稳定策略需要具备的条件：一方面，$D \times R_0 + \dfrac{M}{n} < D \times rt < q + Q$。对于农户来讲如果 $D \times rt < q + Q$，则意味着农户并不会盲目过度借贷，对于金融机构来讲，这个条件也让他们有了充足的抵押品而有自发驱动来对农户发放贷款；另一方面，$D \times rt > D \times R_0 + \dfrac{M}{n}$ 则意味着对于金融机构来讲，可以通过对农户发放信贷来获得合理的商业利益。将 $D \times rt > D \times R_0 + \dfrac{M}{n}$ 转化一下形式变为：

$$D(rt - R_0) > \frac{M}{n} \tag{11}$$

式（11）更容易体现出土地流转改革对农村金融市场的影响。要使得式（11）成立则不等式左边的数值要尽量的增加，而右边的数值要尽量的减小。土地流转改革之后，承包土地使用权的流动性大大增加，农户之间通过转包、入股与合作等形式经营土地，会获得更多深度合作机会，对农户合作组织而言可以形成较为明显的规模经济优势，对于组织内的单个农户而言其贷款意愿的增加也会使得 D 迅速上升，即使信贷利率和资金成本保持不变或小幅变动，$D(rt - R_0)$ 数值仍能迅速增加；另外在申请信贷时，金融机构单笔信贷操作的户均成本也会因为土地的规模化经营而大大降低，从 M 降低至 $\frac{M}{n}$，这是因为多户农户联合提出信贷申请，金融机构单笔信贷操作的户均成本被迅速摊薄。此时即使信贷规模、信贷利率和资金成本保持不变或小幅变动仍能有效保证式（11）的稳健性，进而促使农户与金融机构两群体博弈的演化稳定策略稳定在（0，1）点。

综上所述，土地流转改革推出后，实现了土地规模化经营、促进了农户间的深化合作，大幅降低了金融机构单笔信贷操作的户均成本，并最终从根本上改变了农户与金融机构两群体博弈的演化稳定策略，促成了金融机构愿意发放信贷，农户也有意愿偿还贷款的良好金融态势的稳定实现，必将有力地推动我国农村普惠金融事业的发展。与此同时，市场力量对利润的追求也应受到限制，其业务开展必须接受严密的金融监管，防止金融机构诱导农民过度借贷。

四、结论与政策建议

本文通过建立农户与金融机构两群体非对称动态博弈模型，采用演化博弈方法分析，发现农村地区原有的包干单干式家庭联产承包制的土地经营方式在引入土地流转改革之后，会产生截然不同的博弈演化稳定策略：原有制度会导致博弈的演化稳定策略稳定在（1，0）点，即如果农民获得贷款则会违约，而金融机构也会拒绝发放贷款。有两方面原因造成这一最终结果：一方面，金融机构单笔信贷操作成本相对过高；另一方面，我国农村地区长期实行包干单干式土地承包制度造成了农户抵押品的缺乏，同时也使得金融机构由于农户土地经营规模不经济而难以获得合理的商业收益。其中第二方面本身的制度因素是主要原因。引入土地流转改革之后，博弈的演化稳定策略稳定在（0，1）点，即如果农民获得贷款则会选择还款，而金融机构也会发放贷款。这是因为土地流转改革使得农村地区出现了四方面的变化：（1）土地规模化经营得以更加便利的实现。（2）农户间的深化合作。（3）金融机构单笔信贷操作的户均成本大幅降低。（4）防止金融机构过度追逐商业利润而诱导农户过度借贷。只有这四个方面条件同时具备才使得博弈的演化稳定策略发生了根本上的良性偏转。

　　基于以上结论，对进一步推动我国农村地区普惠金融发展提出下列政策建议：

（一）完善社会征信体系，降低金融机构单笔信贷操作成本

　　据世界银行（2009）相关数据显示，发展中国家和地区针对普通农户审核发放一笔贷款的平均成本在200美元左右，而2014年我国的相应数据约为2000元人民币。可想而知，面对如此高的单笔信贷操作成本，金融机构出于盈利考量也不得不拒绝众多农户的小额信贷申请。而与此相对照的是，2014年阿里小贷单笔信贷操作成本仅为2.3元，而与此同时不良贷款率仅为1%。巨大差距的背后是互联网金融与传统的金融机构征信体系运行方式的不同：互联网金融，以阿里小贷为例，交易和融资平台合而为一，两者信息共享大大节省了征信成本；而传统的金融机构征信模式则是金融机构单独搜集信息，不仅搜集信息成本高，且所搜集的信息也具有更新不及时和准确度差的弊端。虽然要将互联网金融的征信模式复制到农村地区并不现实，但我们可以考虑由各级政府与各公用事业单位进行广泛的信息共享，例如，司法、行政、工商、环保、金

融机构、水务、电网、煤气、热电等众多部门与机构，将涉及城乡居民和企业的信息实现资源的共享，此种汇集与更新大数据的征信系统将大大降低金融机构单笔信贷操作成本和普惠金融的准入门槛。

（二）跟进并逐步配套各项软硬件环境，积极稳妥地推进土地流转改革

由本文的结论可知要使得（0，1）成为博弈的演化稳定策略，则必须保证土地流转改革促成土地规模经营，农户间深化合作与金融机构单笔信贷操作成本大幅降低。因此，土地流转改革的出发点与落脚点应该是通过农村土地使用权的合理流动来促进土地资源的高效使用。土地流转改革绝不应该停留在发放确权证书等形式上，而应积极制定与土地流转相关的法律法规，建立第三方的土地价值公估机构、土地产权交易市场、涉农土地案件法律咨询与仲裁机构，同时注意在政策、技术和管理上指导与扶植农村经济合作组织健康发展等诸多举措共同推进。由于土地资源的特殊性，以及土地流转改革的创新性，各种新情况和新问题有可能会集中，甚至是广泛出现，这就需要政府相关部门及早出台合适的法律法规，使土地流转改革领域做到有法可依；第三方的土地价值公估机构将会对各种类型的土地给予可信与合理的估值，这样会大大方便土地使用权的转移，也方便金融机构快速根据农户抵押土地的价值来审核信贷；土地产权交易市场的作用是收敛某个地区内土地交易的信息，降低土地交易成本，促进土地交易快速顺畅实现，尤其是在借助互联网手段后，土地产权交易市场将会在更大的时空范围内有效配置土地资源；农村地区农户普遍缺乏法律知识的实际情况使得建立涉农土地案件法律咨询与仲裁机构可以确保土地使用权交易规范和有序的发展。农村土地流转改革后，各类新型农村经济合作组织会大量应运而生，习惯了农户个体经营的农民再结成合作组织后，在管理经营，资本运作和专业技术方面可能都会遇到发展瓶颈。政府应积极组织和协调社会各类组织机构帮助这些农村经济合作组织突破发展瓶颈而实现持续健康的发展，避免盲目扩张和无序经营带来的各类市场风险。

（三）加强对金融机构业务的有效监管，降低金融市场风险

如前分析，农户过度借贷行为是造成（1，1）成为博弈的演化稳定策略的关键约束条件。一方面，金融监管机构要设置最高信贷利率指导线，防止金融机构因高利率追求高回报而盲目扩张，保证农村金融市场繁荣之后不违背普惠金融服务和利益低收入群体的基本理念；另一方面，金融监管机构也应加强对金融机构内部控制的督促和监管，确保金融机构有足够的动力对信贷发放的各个环节加强管控，促进农村金融市场能够按照健康、有序、规范和可持续的导向来发展。

（四）在自愿、平等、互助的原则下推进土地流转改革，保护农民合法利益

土地流转改革是关乎国家农业发展全局、农民切身利益与农村社会安定的一项重大改革，但收入水平、收入来源不同的农户在面对土地流转改革时的积极性也不同（张忠明、钱文荣，2014；何军、李庆，2014）。[1][2] 对所承包土地拥有长期使用权是国家的一项基本政策，并且各类新型农村经济合作组织是否能够真正产生良好的经济和社会效益与农户自身的经营理念、能力密切相关。如果强行推进改革，特别是强迫农民加入各类经济合作组织，出现经营不善甚至破产清算而丧失承包地的局面将会对农村的经济和社会安定造成重大而深远的影响。因此各地在开展土地流转改革时，一定要尊重农户意愿，切实遵循自愿、平等、互助的原则，切忌搞一刀切。

（五）构建完善的农村地区经济和社会保障体系，为相关改革铺就安全网

土地流转改革及其相关改革举措需要稳步推进和实施，但这并不能

---

[1]　张忠明、钱文荣：《不同兼业程度下的农户土地流转意愿研究》，载于《农村经济问题》2014 年第 4 期，第 19～24 页。

[2]　何军、李庆：《代际差异视角下的农民工土地流转行为研究》，载于《农村经济问题》2014 年第 1 期，第 65～72 页。

保证部分农户及农户经济合作组织不会受到经济规律的影响而被市场淘汰出局，遭受比较严重的经济损失，以致丧失赖以生存的承包土地使用权。针对类似情况，政府部门一定要统筹规划，周密考虑，尝试建立抵押土地的罚没缓冲制度等经济保障制度：一旦农户或农户经济合作组织因无法偿还贷款而面临抵押土地被罚没时，可以向由政府设立的缓冲基金提请暂缓罚没保护，同时由缓冲基金来向银行等金融机构支付一定的罚息。如果农户经营改善则偿还这部分罚息，若经营持续不善则再将土地使用权移交金融机构。另外，各级政府要进一步完善农村地区医疗、低保和养老等社会保障体系，为破产失地农民织就一张社会安全网，在追求经济效率的同时最大限度地维护社会的公平与稳定。

总而言之，只有在各项软硬件环境配套齐全的前提下，土地流转改革对农村地区普惠金融的积极推动作用才能全面显现。

参考文献：

［1］毕颖妍：《浅析发展普惠金融的必要性与基本途径》，载于《时代金融》2014 年第 2 期。

［2］何登录：《农村普惠金融内生机制研究》，载于《农村金融研究》2014 年第 6 期。

［3］周小川：《践行党的群众路线　推进包容性金融发展》，载于《求是》2013 年第 18 期。

［4］向东明：《农村金融失血问题与宏观政策创新》，载于《银行家》2011 年第 12 期。

［5］冯林等：《金融资源配置差异视角的城乡二元解释》，载于《农村经济问题》2013 年第 1 期。

［6］余许友：《二元结构下农村金融抑制的原因和出路》，载于《理论与改革》2014 年第 6 期。

［7］王峰虎、谢小平：《农村金融发展中的市场失灵、政府失灵与财政对策》，载于《软科学》2010 年第 5 期。

［8］徐立玲、宁杰：《包容性发展视角下农村金融创新研究》，载于《农业经济》2014 年第 3 期。

［9］王曙光、王丹莉：《农村土地改革、土地资本化与农村金融发展》，载于《新视野》2014 年第 4 期。

［10］曹玉贵、李一秀：《农村金融机构与农户借贷行为的博弈分析》，载于《金融理论与实践》2009 年第 2 期。

［11］董晓红、关玉娟：《中国农户融资对策分析——基于演化博弈的视角》，载于《哈尔滨商业大学学报（社会科学版）》2012 年第 3 期。

［12］崔凌云、张建峰：《印度小额信贷危机的监管策略及对中国的启示》，载于《经济研究导刊》2013 年第 3 期。

［13］杜晓山：《小额信贷的分类与绩效考核》，载于《全球可持续发展能力建设日平行论坛》，2010 年版。

［14］张忠明、钱文荣：《不同兼业程度下的农户土地流转意愿研究》，载于《农村经济问题》2014 年第 4 期。

［15］何军、李庆：《代际差异视角下的农民工土地流转行为研究》，载于《农村经济问题》2014 年第 1 期。

参 考 文 献

[1] 毕鹏、郄海兰、李海伦：《我国政策性农业保险问题研究》，载于《商业现代化》2013年第3期。

[2] 毕颖妍：《浅析发展普惠金融的必要性与基本途径》，载于《时代金融》2014年第2期。

[3] 布尔迪厄著，陈圣生等译：《科学之科学与反思性》，广西师范大学出版社2006年版。

[4] 曹凤岐：《建立多层次农村普惠金融体系》，载于《农村金融研究》2010年第10期。

[5] 曹堪久：《典当业面临七个瓶颈》，载于《中国商报》2013年3月7日。

[6] 曹协和：《农村金融理论发展主要阶段评述》，载于《财经科学》2008年第11期。

[7] 曹玉贵、李一秀：《农村金融机构与农户借贷行为的博弈分析》，载于《金融理论与实践》2009年第2期。

[8] 曹志艳、庞任平：《产融结合：农业产业投资基金的创新出路》，载于《新疆社会科学》2012年第5期。

[9] 陈贺：《基于产业链视角的农业产业链融资分析》，载于《农村金融研究》2011年第7期。

[10] 陈立宇、张莎：《贷款公司的实践与思考》，载于《内蒙古金融研究》2012年第6期。

[11] 陈文、经邦：《以金融民主化推进中国经济转型》，载于《银行家》2013年第7期。

[12] 程恩江、刘西川:《小额信贷缓解农户正规信贷配给了吗?》,载于《金融研究》2010年第12期。

[13] 崔凌云、张建峰:《印度小额信贷危机的监管策略及对中国的启示》,载于《经济研究导刊》2013年第3期。

[14] 邓道才、蒋智陶:《农村资金互助合作组织边缘化及应对策略研究》,载于《征信》2013年第9期。

[15] 丁长发:《农村金融三大流派理论述评》,载于《时代金融》2010年第3期。

[16] 董晓红、关玉娟:《中国农户融资对策分析——基于演化博弈的视角》,载于《哈尔滨商业大学学报》(社会科学版)2012年第3期。

[17] 杜晓山:《我国小额信贷发展报告》,载于《农村金融研究》2009年第2期。

[18] 杜晓山:《小额信贷的分类与绩效考核》,"全球可持续发展能力建设日平行论坛",2010年11月。

[19] 杜晓山:《小额信贷与普惠金融体系》,载于《中国金融》2010年第10期。

[20] 杜晓山:《要肯定小额担保贷款政策的成绩、作用和效果》,载于《中国劳动保障报》2013年2月27日。

[21] 杜晓山:《中国农村小额信贷的实践尝试》,载于《中国农村经济》2004年第8期。

[22] 杜晓山、宁爱照:《小额担保贷款政策调研报告》,载于《农村金融研究》2013年第3期。

[23] 范琨:《试行社区银行经营模式探索》,载于《北京金融评论》2013年第1期。

[24] 冯林等:《金融资源配置差异视角的城乡二元解释》,载于《农村经济问题》2013年第1期。

[25] 冯兴元、何梦笔、何文广:《试论中国农村金融的多元化——一种局部知识范式视角》,载于《中国农村观察》2004年第5期。

[26] 高广春:《次贷与金融民主》,载于《经济学家茶座》2009

年第 2 期。

[27] 高敏：《农业产业投资基金的投资风险评估研究》，中南大学博士论文 2011 年版。

[28] 高谈、荆丽娟：《P2P 网贷平台担保乱局》，载于《第一财经日报》2013 年 8 月 3 日。

[29] 郭斌、刘曼路：《民间金融与中小企业发展：对温州的实证分析》，载于《经济研究》2002 年第 10 期。

[30] 郭斌、刘曼路：《民间金融与中小企业发展：对温州的实证分析》，载于《经济研究》2002 年第 10 期。

[31] 郭洁晖：《设立农业产业基金时不我待》，载于《中国联合商报》2012 年 3 月 30 日。

[32] 郭奎涛：《互联网金融发力中小企业融资》，载于《中国企业报》2013 年 7 月 2 日。

[33] 郭秀全：《对我国发展普惠金融的思考》，载于《生产力研究》2014 年第 5 期。

[34] 郭一信：《首支国家级农业产业发展基金成立》，载于《上海证券报》2013 年 3 月 22 日。

[35] 何登录：《农村普惠金融内生机制研究》，载于《农村金融研究》2014 年第 6 期。

[36] 何广文：《改善小额信贷与优化农户贷款环境》，载于《农村经济与科技》2003 年第 1 期。

[37] 何军、李庆：《代际差异视角下的农民工土地流转行为研究》，载于《农村经济问题》2014 年第 1 期。

[38] 洪利、梁礼广：《金融民主化视角下我国城乡金融差异及包容性发展对策分析》，载于《上海金融》2012 年第 8 期。

[39] 胡继之：《中国场外资本市场的建设与发展——以前海股权交易中心为例》，载于《第一财经日报》2013 年 7 月 22 日。

[40] 胡金众、张乐：《非正规金融与小额信贷：一个理论述评》，载于《金融研究》2004 年第 7 期。

［41］胡文涛：《发展普惠金融需要加强国民金融教育》，载于《金融教学与研究》2015 年第 1 期。

［42］姜旭朝、邓蕊：《民间金融合法化：一个制度视角》，载于《学习与探索》2005 年第 5 期。

［43］蒋翠萍、兰庆高、于丽红：《农村土地承包经营权抵押贷款的研究综述》，载于《时代金融》2013 年第 5 期。

［44］焦瑾璞、陈瑾：《建设中国普惠金融体系——提供全民享受现代金融服务的机会和径》，中国金融出版社 2009 年版。

［45］焦瑾璞、杨骏：《小额信贷和农村金融》，中国金融出版社 2006 年版。

［46］康蕾：《我国中小企业贷款定价问题研究》，载于《经济理论与实践》2007 年第 3 期。

［47］孔德兰：《中小企业融资结构与金融策略研究》，中国财政经济出版社 2009 年版。

［48］拉卡托斯等著，周寄中译：《批判和知识的增长》华夏出版社 1987 年版。

［49］黎友焕：《加强监控民间金融发展状况》，载于《中国金融》2012 年第 3 期。

［50］李博、董亮：《互联网金融的模式与发展》，载于《中国金融》2013 年第 10 期。

［51］李林：《中国农村小额信贷机构贷款定价研究》，西北农林科技大学博士论文 2011 年版。

［52］李俏文：《农村资金互助社可持续发展研究》，载于《时代金融》2012 年第 12 期。

［53］李俏文：《制约贷款公司发展的问题及解决途径》，载于《内蒙古科技与经济》2012 年第 1 期。

［54］李侠：《新三板挂牌，全国统一场外交易市场正式破局》，载于《金融时报》2013 年 1 月 17 日。

［55］李镇西：《微型金融：国际经验与中国实践》，中国金融出版

社 2011 年版。

[56] 梁山：《对农户小额信贷需求、安全性、盈利性和信用状况的实证研究》，载于《金融研究》2003 年第 6 期。

[57] 林毅夫、李永军：《中小金融机构发展与中小企业融资》，载于《经济研究》2001 年第 1 期。

[58] 凌智勇：《中小企业融资与中小民营银行》，湖南人民出版社2008 年版。

[59] 刘金：《构建我国可持续发展普惠金融体系研究》，云南财经大学硕士论文 2011 年版。

[60] 刘开雄、赵晓辉：《新三板，调登台北京建设全国场外市场》，载于《经济参考报》2013 年 1 月 18 日。

[61] 刘萍萍、钟秋波：《我国农村普惠金融发展的困境及转型路径探析》，载于《四川师范大学学报》（社科版）2014 年第 11 期。

[62] 刘小红：《政府角色与制度回应：以民间金融的法治化路径为视角》，载于《重庆大学学报》2013 年第 1 期。

[63] 刘永刚、路永庆：《做好中国的普惠金融——专访中国邮政储蓄银行行长吕家进》，载于《中国经济周刊》2013 年 5 月 6 日。

[64] 鲁桐、党印：《国性场外市场的"亮点"和"难点"》，载于《证券日报》2013 年 2 月 4 日。

[65] 罗伯特·J·希勒：《非理性繁荣》，中国人民大学出版社2001 年版。

[66] 罗伯特·J·希勒：《金融新秩序：管理 21 世纪的风险》，中国人民大学出版社 2003 年版。

[67] 罗伯特·J·希勒：《金融与好的社会》，中信出版社 2012 年版。

[68] 罗伯特·J·希勒：《终结次贷危机》，中信出版社 2008 年版。

[69] 罗恩平：《农村金融需求总体特征及发展趋势研究》，载于《福建论坛》（人文社会科学版）2005 年第 9 期。

[70] 马翠莲：《上海股权托管交易中心——完善场外交易市场，服务实体经济发展》，载于《上海金融报》2013 年 1 月 29 日。

[71] 马斯特曼：《范式的本质》，载于拉卡托斯《批判与知识的增长》华夏出版社 1987 年版（译）。

[72] 毛金明：《民间融资市场研究》，载于《金融研究》2005 年第 1 期。

[73] 毛若洁：《商业银行小微企业贷款定价机制研究》，山西财经大学硕士论文 2012 年版。

[74] 欧阳平、苟安国、周汝辉：《农发行投资参股农业产业投资基金的探索》，载于《农业发展与金融》2012 年第 11 期。

[75] 潘意志：《阿里小贷模式的内涵、优势及存在的问题探析》，载于《金融发展研究》2012 年第 3 期。

[76] 冉光和、汤芳桦：《我国非正规金融发展与城乡居民收入差距——基于省级动态面板数据模型的实证研究》，载于《经济问题探索》2012 年第 1 期。

[77] 苏俊：《中小企业融资研究》，经济科学出版社 2011 年版。

[78] 王峰虎、谢小平：《农村金融发展中的市场失灵、政府失灵与财政对策》，载于《软科学》2010 年第 5 期。

[79] 王光宇：《基于支持全民创业的小额担保贷款信贷风险管理研究》，西安理工大学博士论文 2009 年版。

[80] 王建亚、马鹏飞：《对我国小额贷款公司法律监管问题的思考》，载于《金融理论与实践》2011 年第 6 期。

[81] 王婧、胡国晖：《中国普惠金融的发展评价及影响因素分析》，载于《金融论坛》2014 年第 6 期。

[82] 王静文：《农业产业投资基金有待银行参与》，载于《中国城乡金融报》2012 年 1 月 4 日。

[83] 王曙光：《普惠金融：中国农村金融重建中的制度创新与法律框架》，北京大学出版社 2013 年版。

[84] 王曙光、王丹莉：《农村土地改革、土地资本化与农村金融发展》，载于《新视野》2014 年第 4 期。

[85] 王玺：《加快建立农业巨灾风险分散机制——来自苹果产业

的调查报告》，载于《农民日报》2013 年 1 月 22 日。

［86］王颖：《普惠制金融体系与金融稳定》，载于《金融发展研究》2012 年第 1 期。

［87］王中儒、杨斌：《邮政储蓄银行小额信贷业务发展研究》，载于《邮政研究》2013 年第 5 期。

［88］卫容之：《城商行"小微贷"陷困局》，载于《国际金融报》2013 年 1 月 25 日。

［89］温涛、李敬：《中国农村经济发展的金融约束效应研究》，载于《中国软科学》2008 年第 7 期。

［90］温涛、冉光和、熊德平：《中国金融发展与农民收入增长》，载于《经济研究》2005 年第 9 期。

［91］毋照生、周卓尔：《以银行信贷结构为视角分析小微企业融资难——基于江苏省银监局的调查数据》，载于《中国证券期货》2013 年第 1 期。

［92］吴国鼎：《场外市场制定交易制度应考虑三大问题》，载于《证券日报》2013 年 10 月 14 日。

［93］吴国华：《进一步完善中国农村普惠金融体系》，载于《经济社会体制比较》2013 年第 4 期。

［94］吴江涛：《商业银行小微企业金融服务研究》，江西财经大学博士论文 2012 年版。

［95］吴晓灵：《发展小额信贷，促进普惠金融》，载于《中国流通经济》2013 年第 5 期。

［96］吴晓灵、焦瑾璞：《中国小额信贷蓝皮书》，经济科学出版社 2011 年版。

［97］向东明：《农村金融失血问题与宏观政策创新》，载于《银行家》2011 年第 12 期。

［98］肖本华：《包容性增长视角下的普惠制金融研究》，载于《上海金融学院学报》2011 年第 6 期。

［99］谢利：《邮储银行：探索金融扶持新型农业生产经营体制新

路》，载于《金融时报》2013 年 4 月 3 日。

[100] 谢晓冬：《中国邮政储蓄银行备战小额信贷，不会打价格战》，载于《上海证券报》2008 年 4 月 24 日。

[101] 邢会强：《全国股份转让系统能给中小企业带来什么》，载于《国际融资杂志》2013 年 10 月 10 日。

[102] 徐立玲、宁杰：《包容性发展视角下农村金融创新研究》，载于《农业经济》2014 年第 3 期。

[103] 徐笑波：《中国农村金融的变革和发展：1978～1990 年》，牛津大学出版社 1994 年版。

[104] 徐云松：《近期小额信贷发展的一个研究述评》，载于《技术经济与管理研究》2013 年第 4 期。

[105] 许进：《中小企业成长中的融资瓶颈与信用突破》，人民出版社 2009 年版。

[106] 薛涌：《怎样做大国》，中信出版社 2009 年版。

[107] 杨启智：《农业产业投资基金的理论与探索》，载于《改革与战略》2012 年第 6 期。

[108] 杨文化：《阿里小贷能走多远》，http：//opinion. caixin. com/2012 - 11 - 07/100457058. html，2012 年 11 月 7 日。

[109] 杨再平、闫冰竹、严晓燕：《破解小微企业融资难最佳实践导论》，中国金融出版社 2012 年版。

[110] 于洋：《中国小微企业融资问题研究》，吉林大学博士论文 2013 年版。

[111] 余许友：《二元结构下农村金融抑制的原因和出路》，载于《理论与改革》2014 年第 6 期。

[112] 臧旭恒：《"范式"与经济学方法》，载于《山东社会科学》1992 年第 1 期。

[113] 曾慧敏：《对全国性场外交易市场发展的几点建议》，载于《中国证券期货》2013 年第 3 期。

[114] 张健华：《中国金融体系》，中国金融出版社 2010 年版。

[115] 张平：《中国农村小额信贷风险管理研究》，西北农林科技大学博士论文 2012 年版。

[116] 张世春：《印度小额信贷危机以及对中国的警示》，载于《亚太经济》2011 年第 4 期。

[117] 张正平：《微型金融机构双重目标的冲突与治理：研究进展述评》，载于《经济评论》2011 年第 5 期。

[118] 张忠明、钱文荣：《不同兼业程度下的农户土地流转意愿研究》，载于《农村经济问题》2014 年第 4 期。

[119] 张转方：《农村信用建设与小额贷款》，中国金融出版社 2008 年版。

[120] 赵东青、王康康：《微型金融机构如何实现商业化运作——玻利维亚阳光银行介绍》，载于《国外农业金融视角》2009 年第 10 期。

[121] 郑钧天：《IPO "堰塞湖" 未解，场外市场能否解 A 股融资之困》，http：//finance. eastmoney. com/news/1353，20130702302721035. html，2013 年。

[122] 周国良：《农村金融供给短缺的成因分析及危害透视》，载于《开发研究》2007 年第 2 期。

[123] 周寄中：《对范式论的再思考》，载于《自然辩证法通讯》1984 年第 1 期。

[124] 周脉伏、成琴、葛大江：《信贷风险管理》，西南财经大学出版社 2009 年版。

[125] 周小川：《践行党的群众路线　推进包容性金融发展》，载于《求是》2013 年第 18 期。

[126] 周宗安、张秀锋：《中小企业融资困境的经济学描述与对策选择》，载于《金融研究》2006 年第 2 期。

[127] 朱荫贵：《论近代中国民间金融资本的地位和作用》，载于《北京大学学报》（哲学社会科学版）2012 年第 5 期。

[128] 左永刚：《场外交易市场扩容再提速，四维度起底场外市场》，载于《证券日报》2013 年 6 月 2 日。

［129］ Adriaan Gonzalez, Microfinance at a Glance – 2008, www. themix. org/sites/ default/ files/Microfinance% 20at% 20a% 20 Glance% , 2009.

［130］ Arora, R. Measuring Financial Access, Griffith University, Discussion Paper Economics, 2010.

［131］ Asia Development Bank, Finance for the poor: Microfinance Development Strategy, 2001.

［132］ Barbosa, E. & Moraes. C. , Determinants of the Firm's Capital Structure: The Case of the Very Small Enterprises, WorkingPaper from Econpapers, 2003.

［133］ Calomiris and Rajaraman, The Role of ROSCAs: Lumpy Durables or Event Insurance?, *American Economic Review*, 1998.

［134］ Claessens S, Access to Financial Services: A Review of the Issues and Public Policy Objectives, The World Bank Research Observer, 2006, 21 (2): 207 – 240.

［135］ Collard, S. , Kempson, E. , Dominy, E. , Promoting Financial Inclusion: An Assessment of Initiatives Using a Community Select Committee Approach, The Policy Press, UK. 2003.

［136］ David Hulme. Impact Assessment Methodologies for Microfinance: Theory, Experience and Better Practice, *World Development*, Vol. 28, No. 1. 2000.

［137］ David W. Blackwell, Drew B. Winters. Banking Relationships and the Effect of Monitoring on Loan Pricing, *Journal of Financial Research*, 1997 (20).

［138］ Eaton, Cyrus Financial Democracy, *The University of Chicago Law Review*, Vol. 8, No. 2 (Feb. , 1941), 195 – 201.

［139］ Gautam Ivatury, Using Technology to Build Inclusive Financial Syestems, CGAP, 2006.

［140］ George F. Kneller, Science – The Human Endeavor, New York,

1978.

[141] Hassan Zaman, Assessing the Poverty and Vulnerability Impact of Micro – Credit in Bangladesh, World Bank, 2002.

[142] Hirschland, Savings Services for the Poor: An Operational Guide, 2006.

[143] IMF, Approaches to a Regulory Framework for Formal and Informal Remittance Systems: Experiences and Lessons, Washington: IMF, 2005.

[144] Jeffrey Poyo, Robin young, Commercialization of Microfinance: A Framework for Latin America, 1999.

[145] Jones, P. A. , The Feasibility of Credit Unions Charging for a Current Account Service, The Association of British Credit Unions Ltd. , 2008.

[146] Larry R. Reed, State of the Microcredit Summit Campaign Report 2011, www. microcreditsummit. org/ SOCR _ 2011 _ EN _ web. pdf, 2011.

[147] Leyshon A and N Thrift, Geographies of Financial Exclusion: Financial Abandonment in Britain and the United States, *Transactions of the Institute of British Geographers*, 1995: 312 – 341.

[148] Liza Valenzuela, Getting the Recipe Right: The Experience and Challenges of Commercial Bank, 2001.

[149] MIX, Asia Microfinance Analysis and Benchmarking, 2008.

[150] Mohan R. , Economic Growth, Financial Deepening, and Financial Inclusion, 2006.

[151] Ndii David. Role and Development of Microfinance, Savings and Credit Cooperatives in Africa, 2004.

[152] Paul A. Jones, From Tackling Poverty to Achieving Financial Inclusion—The Changing Role of British Credit Unions in Low Income Communities, *The Journal of Socio – Economics*, 2008.

[153] Peter, Seele, Discussing "Wirtschaftsethik" With Regard to

"Business Ethic" and "Economic Ethics" the Report on a DGPhil Panel at the 23 World Congress of Philosophy in Athens, 2013.

[154] Rajani Gupte, Bhama Venkataramani, Deepa Gupta, Computation of financial inclusion index for India, Available online at www. sciencedirect. com, 2012.

[155] Rangarajan C. , Report of the Committee on Financial Inclusion, Government of India, 2008.

[156] Roy Mersland, Reidar, Performance and Trade-offs in Micro-finance Organizations: Does Ownership Matter?, 2008.

[157] Roy Mersland, R. Oystein Strom, Performance and Governance in Microfinance Institutions, *Journal of Banking & Finance*, 2009.

[158] Sarma M and J Pais, Financial Inclusion and Development: A Cross Country Analysis, 2008: 10 – 13.

[159] Sarma, M. , Index of Financial Inclusion, Jawaharlal Nehru University, Discussion Paper in Economics, 2010 (11): 1 – 28.

[160] Stiglitz, J. E, Weiss, Credit Rationing in Markets with Imperfect Information, *American Economic Review*, 1981.

[161] The World Bank, Access for All: Building Inclusive Financial Systems, Washington, D. C: CGAP, 2006.

[162] The World Bank, Agriculture Credit: Sector Policy Paper, Washington D. C. : The World Bank, 1997.

[163] Transforming Labor Markets and Promoting Financial Democracy, The Inter American Development Bank, 2005.

[164] UNDP, Building Inclusive Financial Sectors for Development, Department of Economic and Social Affairs & United Nations Capital Development Fund, United Nations, 2006.

[165] Victoria White, Anita Campion, *Transformation: Journey from NGO to Regulated MFI in the Commercialization of Microfinance*, 2002.

[166] Wendy Edelberg, Risk-based pricing of interest rates for consumer loans, *Journal of Monetary Economics*, 2006 (12).

[167] World Bank, Informal Financial Markets and Financial Intermediation in Four African Countries, Findings: Africa region, 1997: 79 – 91.